5-11 歲的戲劇、語文與道德教育
Drama, Literacy and Moral Education 5-11

Joe Winston 著

陳韻文 譯

Drama, Literacy and Moral Education 5-11

by Joe Winston

目錄

第1章
課程計畫 ………………………………………… *001*

第2章
透過戲劇設計道德教育課程 ⋯⋯⋯⋯⋯⋯⋯⋯⋯ *097*

譯者簡介

陳韻文

從扮演遊戲、看戲、做戲，經劇場研究到戲劇教育，是一位資深的戲劇愛好者。具有英國華威大學藝術教育暨文化研究哲學博士學位，和教育部核定副教授資格。曾任教於國立臺北師範學院藝術與藝術教育學系、國立臺北藝術大學藝術與人文教育研究所、國防大學政治作戰學院應用藝術學系和國立臺南大學戲劇創作與應用學系，會通劇場史、劇場美學於戲劇教育的理論與實踐中。目前是自由戲劇工作者暨獨立學者，嬉遊於閱讀、書寫、學習、講學、劇場與家庭的邊界。更多作品與經歷，請參閱 https://chenyunwen.blogspot.tw/。

譯者序

　　我很榮幸能夠翻譯 Joe Winston 博士的這部作品，將這位英國的戲劇教育研究／實踐者以及他的理念方法介紹給華文地區的讀者。

　　Winston 博士目前任教於英國華威大學教育學院的戲劇與劇場教育研究所，並擔任該校師資培育中心的藝術科召集人，是一位在英國以及國際戲劇與劇場教育界名聲鵲起的戲劇教育學者與教學者。他在投入高等教育服務之前曾任教於中、小學，為日後建構幼兒戲劇教育理論／方法奠定紮實的基礎。任教高等學府和從事師培教育亦未使他抽離幼兒教育現場——Winston 博士不時親自帶著戲劇教案到幼稚園、小學實施，並從和師、生的互動經驗中檢驗、修正教學方案，從而發展戲劇教學的經驗法則與相關理論。

　　Winston 博士的研究專注於幼兒戲劇教育，對於戲劇如何增益道德／宗教教育、戲劇與傳統故事以及說故事間的關聯尤其深入。他所設計的戲劇教案經常廣泛引用各國傳統故事和當代優秀的繪本，藉由制宜運用戲劇慣例，善用班級經營技巧，引領孩子們在兼具創意、自省和自律的社會性學習情境中，開掘原作之外的深意，並與他們的現實生活經驗建立連結。

　　我在 1999 至 2003 年於華威大學戲劇與劇場教育研究所深造時，曾參與 Winston 博士在碩士班以及師培中心開設的課程。Winston 博士本人相當親切、謙和，既富於幼教老師的愛心與耐心，又兼備藝術家的創意和學者的嚴謹，處世與教學均使我如沐春風、受益良多。他是位說故事的高手，善於運用聲調、表情、小道具和燈光變化營

造出動人的氛圍；在帶領戲劇活動時，不僅細膩地關照團體動力和個別學生的需求，也敏於開發那些未成熟的創意，在課程計畫與教育現場間取得平衡。這樣的個人風格也充分反映於本書中。

　　本書第一章提供了六個針對小學生設計的完整戲劇教案，詳述各教案的理念、主題、教學目標、詳細流程、延伸議題、評量標準，以及與國定課程能力指標的關聯性，除了展現 Winston 博士的戲劇教學風格，也為教師如何建構並實施戲劇教案做了良好的示範。第二章以上述教案為例，論證小學階段的戲劇可以不只是好玩而已，同時還能富於社會道德教育意義。第三章分別從語文、戲劇與道德教育切入，提示如何在全校性的課程架構中安排統整性的戲劇活動；它同時也表明了為小學階段的戲劇教育發展課程和設定評量標準的可能性。因此，這不僅是一本實用的工具書，也是一本探討戲劇教育哲學、課程、教材與教學法的專業論述，相信能為華文地區的戲劇與劇場教育帶來啟示。

　　我要感謝張鐙尹女士的牽成，心理出版社總編輯林敬堯先生的耐心等待，以及執行編輯林怡倩小姐的細心校對，讓此譯本得以順利出版。在翻譯本書時，我力求符合「信」與「達」的原則，以忠實傳達 Winston 博士行文旨趣自期；唯不同語文間或有不可譯性，與譯文未及「雅」之層次，尚祈讀者不吝雅正！

陳韻文
謹識於北投

中文版序

　　我很高興同時深感榮幸本書中文版的面世。我要向張鐙尹女士和陳韻文教授致上最誠摯的謝意，謝謝她們為出版、翻譯本書所做的努力，並且一直相信戲劇教育之於幼童生活的價值。

　　結識亞洲學生和研究生（主要來自台灣、香港、韓國和新加坡）是我戲劇教育生涯中最能感受福報的體驗之一。正如我期待這樣的交會能使他們有所得，我自己在其中著實獲益良多。這些亞洲朋友專心致志、展現專業素養和玩笑嬉鬧的畫面，他們所分享、取擷自多元文化傳統的故事，以及他們在課堂中展現出的戲劇肢體技巧，一直深深打動我心。我願將本書的中文版題獻給他們，也獻給一種信念——相信戲劇性扮演故事仍為孩子們學習並探索道德價值最有效的方式之一。

　　本書中的六個戲劇教學單元原本是針對二十世紀末英格蘭和威爾斯小學階段的教育改革而設計的。在修訂後的課程架構中，語文較過往以更有系統的方式進行教學，同時嚴格要求每一堂課有著精確的結構和教學目標。本書提供的戲劇教學方案企圖表明在要求結構和教學目標嚴明的同時，孩子們仍然可以享有充足的機會，運用他們的身體和心智來探索故事的道德力量，並且經由運用語言和語意來學習。

　　本書的英文版在每個戲劇教學單元起始，列出了該單元詳盡且明確的語文能力指標（該指標直接取自當時的國定語文策略），同時將該單元中涉及社會性和道德性的主題並列在側。考量該指標對

中文讀者不具參考價值，中文版已將這個部分摘除。然而，在每一教學單元的最後，摘錄了國定語文策略（現已再修訂）的具體描述，並檢附書中實例，供讀者參照個別教案是如何運用這些指標的。語文策略經常變動，復因國別、文化而有所不同，但是教導閱讀與寫作的關鍵大同小異。譯者陳韻文教授覺得這些語文指標對於台灣、香港、中國的小學教師來說仍具意義，正如它們對英國的教師仍具參考價值。

　　前言中的「如何使用本書」可能是有興趣的讀者最先參考的小節。本書中的戲劇教學計畫並未要您完全比照實施，您可以依據需要改編運用。如果您無法取得教學單元中引用的故事書，仍然可以將這些故事略經修改後進行教學。最重要的是，願本書的教學計畫能為您在自行選用故事（包括我所知許多很棒的中國傳統故事）來設計教學活動時提供點子和模型。願您很快就能設計自己的戲劇教學計畫，並且體驗運用活潑的戲劇方法來促進孩子們道德教育的樂趣。

Joe Winston

早在現代學校教育之前，甚至文字發明之前，故事便已在每一個文化中流傳，它不僅是一種娛樂的形式，也是一種讓價值觀代代相傳的媒介。敘事體的故事可以被視為一種人類心智對世界提出解釋、思索，將親身經驗轉化成概念的基本方式。舉凡有關世界起源、某個民族及其文化的故事，英雄、騙子、傻子和動物化身為人的故事，以及關於愛、忠貞、忠誠和死亡的故事，都讓我們得以認識並理解多采多姿的人類社會。如是，故事為成人和兒童提供了可能經驗的參照——假設我們是幸或不幸、善良或邪惡、服從或反叛，可能會走上怎樣的生命道路。故事的道德價值在於它們提示了行為範式，也提供了道德思考和倫理判斷的框架。故事可能提示角色典型（如印度的《莎瓦翠故事》[1]），或提出務實的教訓（如《伊索寓言》和《五葉書》[2]）。它們可能鼓吹某種特定的道德善行（如耶穌的故事），也可能提示一種更模稜兩可的道德議題（如在伊斯蘭蘇非傳統中，聽者被要求在每一次聆聽故事時，都能根據他們所處情境的變化，發現不同的意義）。然而，不管是哪種類型的故事，一個好的故事不只能吸引聽眾注意，也向他們提示自己和他人可能如何度過此生。基於故事所具有的廣泛道德效用，我們應該給予它「傳

1　譯註：《莎瓦翠故事》（*Savitri*）描寫一位堅強女性不向命運屈服，憑著驚人的決心和毅力創造自己的幸福。

2　譯註：《五葉書》（*Panchatantra*）為五部古老印度故事集的總稱（約成於西元前三至五世紀），包含了動物寓言和魔法故事，原為教育當地皇族之用，後來流傳至中東和歐陸，影響中世紀的寓言故事。

遞道德價值」的適切評價，而非認為它只提供了簡單的道德法則。過去，社會多肯定故事建構和發展道德想像的能力，卻忽略了故事發展語文的潛力。

對小學教師而言，故事遂行道德教化的概念大概讓人聯想到朝會時間——在這樣的集會中，故事經常作為佈達某個中心德目的引子，而之所以採用故事的形式，通常並不是因為故事的內容有力，而是因為它們長度適中且焦點明確。像這樣的故事很少成為說故事或語言用法的範本，也很少作為活化其他課程領域的媒介。但許多好的故事，不管是短篇故事、圖畫書、傳統故事、新出版的或經典的小說，不只能用來發展語文能力，同時也有利於道德學習。

英格蘭於 1998 年開始施行的「國定語文政策」（National Literacy Strategy）即認可了故事的力量和重要性。在它所推薦的各類作品中，不同文類的虛構故事位居核心。然而，「國定語文政策」的整體目標和短期指標所強調的是精熟閱讀的技術，而非發展道德的想像。同時，儘管它以大量篇幅討論故事的情節、角色和主題，卻未闡述虛構故事為何重要，以及在語文能力目標之外，孩子們能從虛構故事中習得什麼。至於故事在增進語言能力之外有何優點，文中也只是暗示，並未言明。當然，學校和教師可以自由地針對語言習得以外的目的來選取故事，但優良故事所富含的道德教育潛質可能被忽略，尤其是語文課的討論明顯導向理解、作文，和像是聲音基礎教學法與拼字等生字教學。由於時間和目標的侷限性，故事極可能只被當成語文教學的媒介，就像在學校集會中，故事通常只被用來強化簡單的道德規範（如偷竊是錯的、善有善報等）。

置身在好故事所創造的道德世界極可能減輕語文時間所帶來的壓力；而戲劇是探索這類故事道德意涵的一種極佳方式。因為戲劇也藉由故事的媒介運作，特別是在小學階段。戲劇在本質上是群體

分享故事，是一種比文學小說更古老的藝術形式，主要以口語和肢體作為媒介，而非訴諸文字。就其本身而論，戲劇可以提供「國定語文政策」中要求發展說、聽能力的學習空間。再者，當達成學習目標時，它可以加強那些以發展孩子理解主題、角色、情節為目標之語文策略的面向；且至關重要地，它可以突顯出虛構故事世界中的道德意涵。因為戲劇再現的模式不同於刊印紙上的文學媒介，它運用了身體、語言、物品、空間和光線，可以補充並加強語文時段中的故事活動。戲劇容許孩子運用文字之外的智慧和能力——特別是視覺和動覺的，因此它能幫助孩子們了解用其他方式學習時覺得困難或難以理解的內容。此外，我們別忘了，今天孩子們多半是從錄影帶和電視媒體的戲劇來獲知故事的。比方說，今天多數人經由電視劇而認識珍·奧斯汀（Jane Austen）和喬治·艾略特（George Eliot）的經典小說；而正如這些電視劇通常能大大刺激小說的銷售數量，我們可以運用戲劇來「開啟」小學生閱讀優良故事書的樂趣。

　　以上並非意味著戲劇、語文和道德教育三者在教學中必定是簡單而直接的關係。眼前有許多潛在的問題等著我們，在此借引一位資深教師初出茅廬時的課堂經驗以為說明。這位教師在和二年級孩子敘說《好撒瑪利亞人》[3]的故事後，和孩子們討論故事的主題（教師自己認為是「善待彼此」），接著讓孩子們分組，選取故事的其中一段，把它演出來。結果由三個女孩組成的小組扮演起護士，做出互相遞茶、麵包和奶油的動作，並且用領巾包紮彼此的手臂。另

3　譯註：《好撒瑪利亞人》（*The Good Samaritan*）出自新約聖經路加福音第十章。故事說在猶太人和撒瑪利亞人不相往來的年代，有個猶太人被強盜搶劫打傷丟在路邊。一位祭司和一個利未人先後經過他身邊卻見死不救，但一位好心的撒瑪利亞人不僅幫這個猶太人包紮好傷口，還出錢讓他住進旅店。

一組男孩覺得演出強盜伏擊、痛打受害者的場景更為有趣，以致連撒瑪利亞人也成了他們下手的對象。這些狀況讓這位教師相當不安，但她安慰自己，「至少孩子們樂在其中」。然而，在這些戲劇呈現告一段落後，她覺得有必要在下課前重申「善待彼此」的主題。只是兩分鐘後，一位小女孩哭訴在她去操場遊戲的途中，有個男孩踢了她。

有了簡單許多的「後見之明」和多年的反省與教學經驗之後，這個案例仍然有許多問題。首先是故事的選擇和對故事道德教訓的詮釋。《好撒瑪利亞人》本質上並不是一個勸人善待彼此的故事；它問的是：對那些種族、國籍或社會階級與我們不同的人，我們願意提供什麼程度的幫助？換言之，這個故事提出的問題是：「我們真的如我們自認的那般良善嗎？」當然，這樣的問題對於六歲的孩子而言過於複雜，但我的這位同事當年也沒有讀出這層意涵。在尋找這個故事的道德教訓時，她所想的不過是，「如果我們都能善待彼此，這個世界將變得更加美好」。沒有人指引她什麼是適合幼齡孩子的道德教訓，以及如何有效地將它們教給孩子。最後，我們必須考量的是上述戲劇活動失當之處。孩子們（尤其是男孩子）在善行的選擇上表現出刻板的性別行為，同時偏離了故事的道德主題。男孩們未能響應課程勸善主旨的事實，在某個男孩離開教室時欺侮女同學赤裸裸地反映出來。

上述這個案例強調出幾個議題，對我們想要運用故事和戲劇遂行道德教育時極具參考價值：

- 身為教師，我們需要一套幫助我們計畫道德教育課程的指南；
- 在選擇故事時，我們必須確定它所引發的道德議題適合孩子們的年齡層、社會發展以及興趣；
- 如果這個議題過於高調或明顯說教，它將可能導向粗劣的戲

劇以及蹩腳的道德教育；
- 我們必須熟知各類型的戲劇活動；
- 我們必須謹慎地避免誤用好的故事。

本書企圖在現今強調語文的前提下說明這些議題，其用意不在批評或顛覆專注於語文的教學方向。相反地，本書不只企圖幫助小學教師通過優良故事發展孩子的語文能力，還希望幫助他們運用故事設計出有利社會與道德教育的戲劇活動，這是一塊漸受中央政府機構重視的領域。

本書架構

本書分為三個部分：

第一章

這是篇幅最重的一章，包含了六個在小學成功試驗過的戲劇教案詳細內容。每一個教案分別針對不同年級而設計，同時參酌各學季的國定語文指標。每一個教案包含了：

- **教案所涵蓋的社會道德主題**。主要參酌第三章會探討的公民素養基金會出版品《你，我，我們！》（*You, Me, Us!*）。
- **居教案核心位置的故事細節**，包括情節摘要、出版資訊，以及收錄在本書的理由。我盡力在故事的文類、文化來源和戲劇類型，以及它們可能引發的道德教訓上做到多樣化。
- **簡單描述戲劇活動及其理念**。在這六個戲劇教案中，我盡力廣泛地涵蓋各種戲劇活動，從主要由教師入戲引導的「體驗式」（living through）戲劇，乃至專注於發展孩子表演技巧的課程。它們提供了如何在小學階段各年級循序漸進實施戲劇

課程的例證。課程的架構很明顯地少了劇本寫作這一塊，這是因為我認為劇本寫作與社會道德教育間的關聯性不是這麼高。

* **課程組織上的細節**，包括提示活動的時間長度以及時間表的安排。

* **戲劇課的程序**。以課程計畫的格式呈現，有明確的戲劇教育和道德教育目標，列出您教學所需資源的清單，詳述活動順序，以及與課程目標相關的評量標準。在為四到六年級設計的課程計畫中，活動順序並劃分為兩個欄位，右邊的欄位提供活動的相關建議和可能的變化。在這些教案中，部分字以粗體刊印。它們是特定的遊戲或戲劇慣例，在本書最後附有術語彙編供您參照。

* **討論／團體時段的提問**。戲劇課經常引發討論，但因為能使用禮堂[4]的機會非常珍貴，您可能希望把戲劇作品所引發的一些議題留待課堂中討論。團體時間可以提供孩子們寶貴的機會，讓他們在自身經驗和戲劇經驗之間建立聯結。這裡所提的問題旨在幫助孩子就學習目標中所列的道德主題發表意見和進行討論。

* **與語文指標的聯結**。這個部分列出特定的語文目標，並且詳細說明戲劇活動本身是否達成該目標，或者有哪些由戲劇課所發展出的活動可以達成該目標。

4　譯註：因為本書中部分的戲劇活動需求較大的活動空間，此處作者非常貼心地考量到學校沒有舞蹈教室或表演教室的教師，建議借用學校禮堂來實施。

第二章

本章試圖描述多種戲劇能提升社會道德學習的方式。我的目的在提供一套理論，幫助您計畫以社會道德教育為目標的戲劇課。我用六個教案為例說明我的論點，並且在每一段落的結尾提供簡單的線索，以利您設計課程。

第三章

在這簡短的末章，我提出一個簡單易懂的模型，示意您可以如何分別為語文、戲劇、道德教育三個課程領域設計教案和規劃學習目標。表格利於您改寫以適應需求，同時它簡單示範了您可以如何為每一個領域在全校性的課程架構安排統整性的活動。

附錄

您可以在這個部分找到關於課程計畫中的遊戲，以及遊戲中所強調之戲劇策略或慣例的簡單描述。另外，推薦您一些有助於設計戲劇課的故事書，以及與戲劇教學相關的實用出版品和文章。

如何使用本書

如果您是戲劇教學新手 —— 課程計畫已盡可能提供足夠的說明和建議，幫助您踏出戲劇教學的第一步。然而，您也可以先選擇幾個您覺得更為自在的活動來建立您的自信。為了方便您調整課程計畫以適應需求，教案中的活動是分別列出且編上號碼的。本書的第一章應該是您最感興趣的部分，但其他章節應能幫助您更加明瞭各項活動背後的意圖和效用。

　　如果您已嫻熟戲劇教學——您很可能已經熟悉教案的絕大部分內容。您將對第一章的內容抱持評論的態度，而且更自信地選擇直接實施這些教案，或將它們改編來滿足您的教學計畫。甚至您也可能覺得自己的戲劇課更加精彩！不管如何，您可能希望很快進到第二章，對於戲劇課能在哪一點上以及如何聯結至社會道德課程有更充分的認識，從而規劃屬於您的戲劇課程。

　　如果您是戲劇科的召集委員——希望第二章能幫助您為戲劇在學校的地位發聲；第三章旨在幫助您擬訂推動全校戲劇教學和督導時所不可或缺的文書資料。

首先，我必須感謝以下學校的教師和學生：

Kenilworth 的 St. Augustine's 小學、Coventry 的 Whitmore Park 小學、Warwick 的 Woodloes First 小學、Northants 的 Overstone 小學。

他們讓我得以試行、檢驗本書中的教學計畫，而且總是熱情款待、充滿活力。和他們共事是非常有趣的經驗。

再來，我要謝謝下列人士：

感謝內人 Gill 在整個計畫過程中給我的支持和鼓勵，並為手指偶提出構想和設計；

感謝 Hilary Minns 閱讀本書早期的草稿，她提供了非常寶貴的建議；

感謝 Miles Tandy 閱讀本書晚期的草稿，他提供了非常寶貴的建議；

感謝 Jonothan Neelands 就「好心的克拉拉」（*Sweet Clare*）教學計畫提出建言，並且借我《補鍋匠吉姆》（*Tinker Jim*）一書；

Femke Blackford 容許我就她原創的「青蛙王子」戲劇錦上添花。

最後，我要謝謝參與華威大學 1999 年夏季班「戲劇和語文」課程的所有老師們。他們熱情、富於幽默感，並且樂意在自己的課堂上試行這些課程計畫，他們的回饋不僅讓我受益良多，也給了我很大的信心。

第 1 章

課程計畫

一年級
傳統故事與童話故事：青蛙王子

資料來源：

口述用：Maria Tatar 編輯的《經典童話故事》（*The Classic Fairy Tales*），1999 年由倫敦和紐約的 Norton Critical Editions 出版。

延伸用：John Scieszka 的《青蛙王子續集》（*The Frog Prince Continued*），1991 年由倫敦的 Viking 出版。

社會與道德主題	
友誼	尊重異己
• 選擇朋友	• 尊重並且關心他人
• 孤獨，沒有朋友	• 同情身處不同境遇的人
財產與權力	
• 財產的價值	

故事

　　《青蛙王子》是格林童話中最有名的故事之一，派屬「動物新郎」系列故事。在這系列的故事中，通常可以見到一位女孩嫁給了某種動物作妻子，而女孩後來發現枕邊人其實是受到某種魔法詛咒的英俊王子。在西方世界中，《美女與野獸》便是這類故事中最有名的例子。在《青蛙王子》這個故事的原始版本中，公主的父親堅持她必須履行對青蛙的承諾——為了答謝牠取回掉進水塘中的金球，讓牠享用她的食物並且睡在她的床上。但公主回到了臥房卻厭惡地把青蛙扔向牆壁，青蛙在撞上牆壁的那一瞬間變成了王子，而公主在翌日嫁給了他。在許多針對幼齡兒童的版本中，這些有著性和暴力指涉的內容被修飾為公主被要求親吻青蛙，而這一吻使青蛙變回了王子。以口語呈現這個故事的優點在於您可以選用任一個您所喜愛的版本，再進行其他的改編。我選擇盡可能忠實於原著的方式來述說這個故事。如此一來，孩子們便有了與後續戲劇中所採用的故事版本不同的選擇。

為何選擇這個故事？

- 正如其他經典童話故事，這個故事為孩子提供了在許多故事中反覆出現的結構性式樣與主題——有著年輕女孩經歷冒險以及魔法發生的森林；能說話或變幻成人的動物；需要破解的魔咒。藉由認識這些主題，孩子們能夠習得有利於自己創作故事時所需的必要基礎材料。
- 童話故事通常象徵地探討了成長和外面世界的危險或挑戰（如《三隻小豬》、《小紅帽》、《薑餅人》）。某些教育家擔

心這些故事所包含的反動道德價值——像是年輕女孩的幸福取決於嫁入豪門，而男孩的幸福來自於展現勇氣。還有一些教育家關切童話故事中的暴力意象——薑餅人、小紅帽，還有三隻小豬中的其中兩隻都被吃掉了。這兒沒有足夠的篇幅來討論這些議題。然而，在許多這類故事中的暴力行為是象徵而非寫實的，而且通常是開玩笑的；尚且，**只有孩子們知道了故事的原始版本之後，才能欣賞和領會將它們翻案以及**為符合時宜而更新的版本。在這個教案最後，我強烈建議您為孩子朗讀 John Scieszka 的續集（詳見本章開頭）。

戲劇

以下的戲劇課每一節長三十到四十分鐘，可以在禮堂或任何寬闊、空曠的空間來進行。教學計畫之後是關於如何運用傳統故事進行戲劇活動，以及如何將它們融入課堂教學的進一步建議。

為何進行這齣戲劇？

- 它非常簡單，而且最重要的是，它容許孩子們進入故事的世界，探索故事並深入了解它。
- 它探索了一些簡單的道德議題，主要與青蛙王子的處境，以及公主不願意幫助他有關。
- 藉由運用手指偶（這些偶可以購得或自製，我用的偶購自 Folkmanis Inc., Emeryville, California, 94608, USA。它們製作精良而且價格實惠），這齣戲劇為孩子與教師提供了在角色中工作的簡易入門。

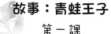

故事：青蛙王子

第 一 課

主要的道德概念

• 財產與價值

主要的戲劇學習目標

在本堂課結束時，孩子們將已經：

• 熟知《青蛙王子》的故事

• 有機會展演和／或觀賞一些簡單的摹擬動作

資源

柺杖、金色的球、小盒子

活動流程

1. 將騎士、狗、樹的遊戲（參見附錄一）改編為「青蛙、公主、樹」，作為暖身活動。開始之前，問孩子們會如何表現每一種樣態。

2. 讓孩子們坐下，為他們講述《青蛙王子》的故事。您可以藉由賦予每一位人物獨特的聲音（公主脾氣很壞、青蛙則呱呱叫），加上臉部的表情（如：當青蛙吃著公主的食物時，公主露出厭惡的表情），運用肢體動作（如：摹擬公主小心翼翼地拾起青蛙、利用手做出青蛙一路從地板跳上了桌子的動作），利用像是金球的簡單道具，改變說故事的速度和力度（如：當公主意識到球已經沉入池塘中不見時，倒抽一口氣和停頓），來使故事敘述更加戲劇化。

3. 讓孩子們圍坐成一圈，當您說故事時，請他們把故事演出來。利用舊的柺杖來作為**故事棒**，在孩子們的幫忙下，使故事在圓圈中躍然眼前。對孩子們解釋您將會把故事再說一遍，孩子們可以自願在圓圈中扮演故事中的人物。您將明確地告訴他們要做什麼、說什麼，以及如何說。運用故事棒點向自願者，並且三不五時在空中揮舞故事棒使圓圈內清場，讓新的自願者接續扮演。

4. 維持圓圈的形式。問孩子們認為金球對公主而言為何特別，甚至比她的珍珠或王冠還來得重要。讓孩子們想想自己有什麼特別的東西，但不將這東西說出來。接著把一個盒子放在圓圈的中央，**摹擬**拿出一顆想像的

金球、將它拋向空中、拍球等動作。問孩子們這是什麼東西，以及他們
如何知道這是一顆球。接下來，徵求自願者進到圓圈中央，假裝從盒子
中拿出對他們而言具有特殊意義的那樣東西。告訴孩子毋須擔心這東西
在現實生活中是否能放進盒子當中。他們一旦從盒子取出東西後，其他
人必須看他如何與這個東西發生關係，並試著猜出那是什麼東西。

評量標準

孩子們是否專心聽故事？

他們是否參與演出故事？

他們摹擬對他們而言特別的東西時表現如何？

他們觀察其他人的摹擬動作時表現如何？

討論／圓圈時間

1. 讓孩子們談談他們最珍惜的東西。或許他們能把那樣東西帶
   到學校來，向同學展示，並解釋它為何具有特殊意義。鼓勵
   他們思考人們不考慮金錢價值但卻珍惜某些東西的原因。

2. 講一個您遺失或意外損毀某件心愛東西的故事。讓孩子們也
   分享類似的經驗。後來發生了什麼事？如果時間能夠倒轉，
   他們希望什麼事發生？

故事：青蛙王子
第二課

主要的道德概念

• 孤獨

• 尊重並且關心他人

主要的戲劇學習目標

在本堂課結束時，孩子們將已經：

• 協助將故事中的事件依序排列，並且呈現出來

- 參與扮演某些虛構的角色並且維持住角色，協助創造出故事的新片段
- 在角色中回應戲偶／入戲的教師

資源

戲偶、故事棒、裝飾成魔法書的活頁夾

活動流程

1. 讓孩子們圍坐成一圈，告訴他們您將要給他們看《青蛙王子》故事中某個畫面的其中一半。接著摹擬故事中的某個人物，做出他顯然正與另一個人物互動時的靜止畫面，如：摹擬公主開門見到青蛙時的鄙視模樣。問孩子您扮演的是哪一個人物，以及您所描繪的是故事的哪一個部分。徵求自願者做出另一個人物的靜止樣態，使這個畫面得以完整。可以讓孩子們嘗試不同的可能性，並就他們所見做出評論。也可以讓一個孩子複製您的動作，承接演出您的人物。如此進行三至四次，描繪這個故事的不同部分，再問孩子是否能按照故事書中可能出現的順序為這些畫面排序，如：按照時間的先後次序。

2. 問孩子們覺得巫婆可能因為什麼原因而將王子變成了青蛙。傾聽他們各式各樣的想法，並且盡可能廣泛運用這些想法來編造一段簡單、即興的故事，說明到底發生了什麼事。運用**故事棒**來**敘述**這個故事，徵求自願的孩子將故事演出來。比方說，藉由詢問孩子們巫婆、王子以及他們選擇扮演的任一其他人物在不同時點可能說過什麼話，讓圓圈當中的孩子幫助您說完這個故事。

3. 讚美孩子們一同編造了這個原始故事中缺掉的部分，告訴他們，您要他們想像自己身處在青蛙王子居住的森林中，時間是早在公主為他破解魔咒，以及任何人知道青蛙終會變成王子之前。讓孩子們繞著空間移動來探索森林，同時提供一些敘述來幫助他們。

4. 青蛙偶上場，讓孩子們坐下（**教師入戲**扮演青蛙），告訴他們您曾是位王子，並且運用活動 2 演出的故事來解釋您為何以及如何變成了一隻青蛙。問孩子能不能想像獨居在森林中、沒有朋友也沒有親人，會是什麼樣。談談您的處境，接著詢問他們是否願意幫助您找出破解魔咒的方法。引領他們穿越樹林尋找女巫的小屋。指向空間中的某處，問孩子們是否也看見了。徵求個別的自願者來描述這個小屋——它是用薑餅做成的嗎？它很大還是很小？告訴他們，您太小了以至於無法從窗縫看到屋內的情形——他們認為巫婆可能正在裡頭做什麼事？孩子們如何能夠在

不讓巫婆發現大夥兒都在這兒的前提下，查明她在做什麼？非常安靜地攀爬上窗戶並且往裡頭偷窺。

5. 取下手偶，讓孩子們坐下，選出一位自願者，將他雕塑成巫婆的模樣，可能攪拌著她的大鍋，或任何孩子們想到的動作。她是個很邪惡的女巫嗎？如果是，讓孩子極盡能事幫忙將女巫雕塑成邪惡的樣子。鼓勵其他孩子示範她可能的模樣。

6. 告訴孩子們，為了幫助青蛙，他們需要從女巫那兒取得她的魔法書。讓他們圍坐成一圈，玩「鑰匙保管人」遊戲的變化版，將一個孩子蒙上眼睛擔任女巫，坐在圓圈中央。把原本遊戲中的一大串鑰匙改以一個封面上寫著「魔法書」的大活頁孔夾代之。玩三到四回，或至少到這本魔法書被成功地取走為止。

7. 賣個關子來結束這堂課：我懷疑這本書中是否有解除青蛙魔咒的魔法……？

評量標準

孩子們能否將活動1中的畫面完成並且依序排列？

他們在活動2所提供的點子是否富於想像力並且切題？

他們在活動3和活動5中是否能很快進入虛構的世界？

他們在活動4中參與角色扮演／教師入戲的狀況如何？

討論／圓圈時間

1. 孩子們能否分享當他們迷路，或像青蛙王子一樣感到孤獨的經驗？有任何人幫助他們嗎？是如何幫助的？

2. 孩子們是否曾經幫助任何有困難、感到孤單或不快樂的人？像是學校的一位新同學？幫助別人是否讓他們感到愉快？

故事：青蛙王子
第三課

主要的道德概念
- 同情不同處境的人
- 尊重並且關懷他人

主要的戲劇學習目標
在本堂課結束時，孩子們將已經：
- 從事持久的角色扮演
- 運用語言來勸服他人
- 展現肢體的、表達的控制能力

資源
青蛙戲偶、魔法書、金色的球、鈴鼓

活動流程

1. 玩改編自「我去市場」的遊戲，每個孩子要在「我穿過森林，看到了……」的句子中，說出一種他們在林中遇見的動物，而且各不相同。藉由要求孩子按照字母順序說出動物名，如螞蟻（ant）、熊（bear）、貓（cat）、狗（dog）、大象（elephant）等等，這個遊戲也能增進孩子的字母能力。您可以藉由幫助全班試探是什麼字母來提詞，像是「我穿過森林，看到了 gggg…」。[1]

2. 和孩子一同回顧到目前為止故事中發生了哪些事，並且拿出魔法書。小心地翻開書，當發現裡頭寫著大大的咒語時（這當然是您事前準備好的），表現出驚訝的表情。先讓一兩位自願的孩子大聲地唸出咒語，再讓全班一起唸。問孩子們認為這咒語的意思是什麼。咒語最好能寫成簡單的韻文，像是：

青蛙想要變王子
唯有遇見公主美如仙

---

1 譯註：以中文教學的教師可以改依注音符號順序，以豹（ㄅㄠˋ）、黑面琵（ㄆㄧˊ）鷺、貓（ㄇㄠ）、蝙蝠（ㄈㄨˊ）、蝴蝶（ㄉㄧㄝˊ）等動物代之。

> 友誼日漸增
> 公主之吻將你變

3. 套上戲偶，接著以青蛙的身分，悲傷地解釋您確定公主永遠也不可能親吻您，因為您是如此的醜陋，而她又是如此的驕傲。有任何孩子曾經見過這位公主嗎？她看起來是什麼模樣？他們是否能夠說服她？他們能否試著客氣有禮，否則公主可能不願意聽他們說話。

4. 請孩子幫忙您佈置公主即將接見他們、位在城堡內的那間房間。那兒有寶座嗎？應該放在什麼位置呢？公主坐在寶座上時，看起來是什麼樣子？她會把玩著什麼玩意兒嗎？像是金球？接著，**教師入戲**扮演公主，擺出讓人難以對付的高姿態，讓孩子努力說服您去親吻王子。最後，請一個孩子取來青蛙戲偶，由您或孩子套上，沉著臉說，孩子們必須示範給您瞧瞧該怎麼做。讓一些孩子自願親吻青蛙，並且在每個孩子親吻之後，隨即問他們是什麼感覺──感覺真的糟透了嗎？最後做出親吻青蛙的盛大場面。

5. 要求孩子各自找到一處他們要展示青蛙如何變成王子的空間。他們要先做出青蛙的樣子，再做出王子的樣子。讓孩子看四到五個不同的轉變方式，並且討論他們喜愛之處。鼓勵孩子仿效彼此的點子。接著，用鈴鼓來引導這個轉變，讓所有孩子們一塊兒**表演**。也可以一次讓六個左右的孩子表演，而其他的孩子能夠目睹這個轉變。

評量標準
孩子們在活動3和活動4中角色扮演的持久度如何？
他們試著說服公主親吻青蛙時，提出了哪些理由？
他們在活動5中的自制力和肢體表現力如何？

討論／圓圈時間

1. 孩子們認為公主在親吻青蛙之前的態度如何？她是那種他們想要交朋友的人嗎？為什麼／為什麼不？

2. 公主說了哪些關於青蛙的事？這些話公平嗎？為什麼／為什麼不？他們覺得青蛙王子聽到她說這些話時，會有什麼感覺？

3. 玩「我們喜歡某某人的哪些事」的**遊戲**。

適用於傳統故事教學的其他戲劇活動

手指偶劇場

　　圖 1.1 圖解讓孩子製作手指偶的簡易快速方法，如此一來，他們可以自己、和夥伴一起或在小組中，運用對話來重述故事。一年級的孩子在一開始進行小組活動時會需要一些協助，可是他們一旦理解這種方法之後，將會很享受自己參與的感覺。如果您可以先製作自己的戲偶，並且運用它們在全員出席的語文時段敘述這個故事的部分內容，將會對整體活動有很大的助益。

想像的遊戲區

　　童話故事中的廚房／餐廳很容易在想像的遊戲區創造出來。就《青蛙王子》而言，一張擺著「銀」盤、「銀」杯的桌子便足應所需。當您運用不同的故事時，可以藉由改變某些道具或「布景」的方位來改變房間的特性。舉例來說：

- 《三隻熊》：三副不同尺寸的椅子和碗。
- 《薑餅人》：桌上放著攪拌碗、塑膠擀麵棍、麵粉罐頭和餅乾盒。
- 《小紅帽》：在小屋中有著祖母的編織物、數張編織圖，和一張「祖母生日快樂」的卡片。

剪下一段紙條，繞著您的指頭量好所需長度，將它黏成圓柱狀。

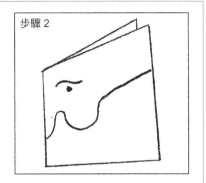

將一段紙對折，做成一張臉的樣子。剪出輪廓，保留後面凸出的部分。

將步驟 2 的紙樣黏在圓柱上，把鼻子和臉頰的部分突出，做出立體的效果。用不同顏色的色紙來加強效果。

剪一段紙來做頭髮。上部留一小部分不剪開，下部剪開成細條。把紙條在剪刀刀身上拉，把頭髮做成鬈曲狀。您可以加上一頂帽子或皇冠（見圖 1.2）。

圖 1.1　手指偶的製作

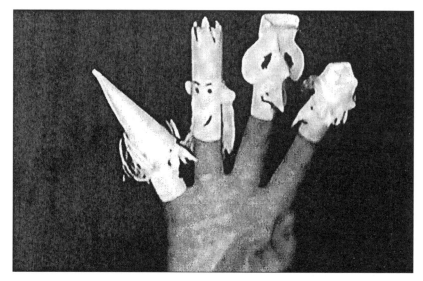

圖 1.2　手指偶

- 《傑克與豌豆》：可以鼓勵孩子藉由在這個區域中操弄手指偶，來想像巨人的廚房有多麼大。

您還可以在牆上張貼一幅大張的圖片，表現從窗子看到的景色。另可因應不同故事的需要而做改變，像是顯示青蛙王子跳上城堡的階梯；一頭母牛和一位農夫追著薑餅人跑；在《小紅帽》和《三隻小豬》中，狼走上通往目的地的小徑。

　　在想像遊戲區的許多活動可以加以設計來同時包含語言和道德的議題。如果您花一週語文課的時間，讓您的班級做過一輪小組活動，便能將想像遊戲區域的活動納入語文課程的計畫之中。如此一來，每一組都能在遊戲區中享有一週一次、每次二十分鐘的時段。如果小組是按能力劃分的，那麼各組間的活動可以一致，但寫作／閱讀的素材可以每天都有所不同。在開始這樣的活動之前，利用一、兩分鐘的時間進行**教師入戲**作為引子，將能有所助益。以下提供數

例：

- 《青蛙王子》：公主和王子在度蜜月而無法採購。孩子們是否能察看他們的櫥櫃，幫他們列出這一週的採購清單？

- 《三隻小豬》：豬太太接到一封孩子的來信，但她不知道把眼鏡擱到哪兒了。孩子們是否能為她讀這封信？信上告訴她，他覺得在稻草屋中非常安全。豬太太非常擔心，因為她知道大野狼會做出什麼事來。孩子們是否能回信給他，警告他並給他建議？

- 《小紅帽》：祖母需要做視力檢查。孩子分別扮演驗光師和祖母，驗光師測試祖母是否能讀出您所準備的卡片和圖表。這些卡片和圖表應該補充語文時段研習過的生字和發音規則。

- 《三隻熊》：熊家族已經發現歌蒂樂來過之後，很多東西好像壞了，包括小熊的椅子。牠們已經召來一些工人（孩子們）來看看究竟有哪些東西需要修理。他們是否可以檢查窗戶、廚房設備等，並且列出一張待做事項的清單？

語文目標和相關活動

學生應該被教導： *故事和詩歌*	*本章範例*
閱讀理解 4. 重述故事，將故事中的重要時刻依序說出，並且注意到以書寫和口語重述故事的不同，如：比較口語版本和文字版本；提及關鍵的片語和句子；	在第二課一開始，孩子們從《青蛙王子》故事中選取畫面，並將它們排序。 他們比較您的口述版本和其他版本。
5. 從大量故事中識別和記錄故事語言的一些特徵，並且練習閱讀和使用它們，如：以口語重述；	孩子們以手指偶來重述故事。

6. 識別和討論一些故事的主題，歸納和比較；	開始製作一張班級圖表，列出您這學期要進行的所有傳統故事。包含故事發生的地點、正派人物、反派人物，以及故事如何結束。
7. 討論故事中事件的原因或起因；	孩子們思索巫婆如何以及為何將王子變成青蛙（第二課）。 孩子們告訴公主，她為何應該親吻青蛙（第三課）。
8. 識別和討論人物，如：外貌、行為、特質；思索他們可能會如何表現；討論他們在原著中是如何被描述的；比較不同故事或戲中的角色；	在第三課的圓圈／討論時間中，孩子們討論公主的性格。他們將她與童話故事中的其他女孩做比較，像是《三隻熊》中的歌蒂樂。 他們比較故事中的巫婆和其他童話故事的巫婆。
9. 如：在與其他孩子大聲朗誦故事或戲劇時，經由角色扮演片段，開始注意到人物和對話；	為孩子們的偶劇場編數場小戲。
10. 識別和比較故事基本的元素，如：不同故事的開頭和結局；	孩子們比較《青蛙王子》和 John Scieszka 的《青蛙王子續集》這兩個故事的開頭和結局。
寫作 14. 運用照片說明、圖片、箭號等等來表現故事情節的大綱，記下重要事件來製作班書、牆面故事、自己的版本；	孩子們在小組中製作一張**故事的「圖像」**地圖。它們要用在班級的牆面展示上，由孩子們繪製和書寫故事中的人物、地點和事件。
15. 從已讀過的故事中選取角色，製作簡單的人物簡介，運用圖畫、單字、標題、故事中的文字和句子來描述他們的特徵、外貌；	孩子們為青蛙王子和公主繪製圖畫和寫作簡短的敘述。
16. 運用已知故事的一些元素來架構自己的寫作；	孩子們為故事畫一張圖，並且就它相關的故事片段寫作。

非小說：寫作	
25. 從個人經驗集結資訊……寫作簡單、不按時序排列的報告；將它們以清單、分頁、圖表的方式加以組織；	孩子們在遊戲區為王子和公主以及熊夫婦列出的清單。
字彙：識字	
5. 即席唸出一些熟悉的字，如：孩子們的名字、器材標籤、教室標示；	當孩子們在遊戲角扮演驗光師為祖母檢查視力時，唸出這些字。

補鍋匠吉姆

資料來源：

由 Paul Coltman 創作、Gillian Maclure 繪製插圖的《補鍋匠吉姆》（*Tinker Jim*），1992 年由倫敦的 Scholastic Children's Books 出版。

社會與道德主題	
規定 ● 違法與犯錯 ● 正義與公平 **財產與權力** ● 分享與不分享（not sharing） ● 偷竊	● 刑罰 ● 犯罪的後果 **尊重異己** ● 尊重並且關懷他人 ● 同情不同處境的人

故事

《補鍋匠吉姆》是一則伴隨詳盡生動插圖的敘事詩，這些插圖為敘事的內容提供了額外的訊息。開頭的詩節樹立了詩的音韻型態以及故事的調性：

> 補鍋匠吉姆瘦巴巴，
> 東翻西揀隨便食。
> 當他的鍋兒底朝天，
> 啟程四處來覓食；

逮著了鴨或禽，

林中獨自烹來食。[2]

　　補鍋匠吉姆住在嘉德萊村莊附近樹林中的一間老舊雞舍中。他已經老了，而且動作遲緩，樹林中可以輕易找到的食物——烤刺蝟、蕁麻湯等再也無法滿足他了。吉姆聽到受人敬重的教區牧師俄巴底亞・德兒夫斯[3] 將要將食物發給「那些比我們還不幸的人」時，心想：「我就是啦！」然而，當他到牧師寓所時，只得到了貓食，所以他轉而注意到附近千金桑・席格[4] 女士住的嘉德萊塔樓。席格女士胖嘟嘟的，顯然平日吃得很豐盛。吉姆暗中觀察到席格女士的總管把成堆的美食放進她的車庫裡。某個晚上，吉姆闖入車庫，發現了一個裝滿昂貴食物的大冷凍庫，他偷拿了一些食物離開。之後幾個晚上，他又回來拿了更多的食物。經過一段時間之後，吉姆對他拿的東西有了選擇性，也開始裝修他那雞舍的門面。吉姆看著鏡中的自己，意識到自己看起來是多麼骯髒和寒酸，於是到河裡洗了個澡，刮了鬍子，還從嘉德萊塔樓的洗衣間偷了幾件時髦的衣服。然而，這也導致了他的厄運。隔天，當他光鮮亮麗地進城時，身上時髦的衣服引起了警察的懷疑。吉姆遭到逮捕，在牢裡蹲了六個月。當他出獄時，生活又回到了老樣子。讀者們發現他變得更瘦，但也記取

2　譯註：原文為 Tinker Jim was very thin./ He found his food where he could./ And when his pot had nothing in,/ He went on the prowl,/ For a duck or a fowl,/ And cooked them alone in the wood.

3　譯註：原名為 Obadiah Delves，Obadiah（中譯「俄巴底亞」）在希伯來文的意義是「主的僕人」。

4　譯註：原名為 Lady Millicent Mulberry Higg，millicent 為 milli- 與 cent 的合成字，milli- 前綴字的意義為「千」或「千分之一」，cent 則為貨幣單位，此處譯為「千金」。

了些教訓。書的最後，我們看到吉姆把兔子煮來當晚餐。

為何選擇這個故事？

- 這是個引人入勝且幽默的故事，插圖則在詩文之外提供了許多可愛詼諧的細節，不只引領孩子們進入虛構的世界，也將故事妝點得更加生動。
- 吉姆是個討人喜歡的混混，是那種淘氣、滑稽的門外漢類型，孩子們會喜歡他的冒險活動。
- 雖然孩子們知道吉姆的偷竊行為是錯的，但有鑑於吉姆遭受到代表著道德秩序的牧師無禮的對待，這個故事內在的道德教訓是模稜兩可的。它是個令人愉悅的顛覆性故事。
- 這首詩的敘事線非常清楚，但詩的其他面向，尤其是那複雜的音韻形式，值得細細品味。

戲劇

以下所述的戲劇緊密依循上面概述的故事內容。建議您在向孩子們介紹這本書、甚至讓他們知道有這本書之前，先進行戲劇的部分。最好能在像是禮堂的大型空間實施，但也能調整為適應一般教室活動空間的需求。我將它設計成三節課，每節五十至六十分鐘。雖然在每一節課中有大量的活動，但課程應該保持輕快活潑的節奏。

為何進行這齣戲劇？

- 藉由幫助孩子們體驗故事並且認識主要的人物，這齣戲劇應該能激發孩子一探原文究竟的強烈欲望。
- 這齣戲劇鼓勵孩子們表達他們對社會正義和不公的觀感，幫

助他們探索自己對慈善、慷慨、自私和貪婪的見解。

- 這個故事的人物在本質上是滑稽的，因此對孩子和教師而言，戲劇也必然富於趣味。這是一個很好的例子，說明了探索道德議題其實不必正經八百的！

課程時間表提案：三至四週

受限於禮堂可用的時間，您可能每週只能上一堂戲劇課。然而，如果可能的話，最好能在兩週內完成這個戲劇課程，以提供孩子更為集中的故事經驗。您大可以在同一週內完成本節最後所列的語文活動，但若您有需要，下列架構容許您在每次戲劇課後的一週，運用額外的英語時段來實施。

第一週	第二週	第三週	第四週
戲劇：第一課 額外的英文時段	戲劇：第二課、第三課 額外的英文時段	書本討論和寫作活動 語文時段 圓圈時間 額外的英文時段 （倘若有此需要）	討論和寫作活動 語文時段 額外的英文時段 （倘若有此需要）

故事：補鍋匠吉姆

第一課

主要的道德概念

- 分享／不分享
- 尊重並且關懷他人

主要的戲劇學習目標

在本堂課結束時，孩子們將已經：

- 思考服裝和配件如何提示角色的相關線索
- 在整堂課中主動參與角色
- 進入吉姆和牧師的角色，並參與他們的行動

資源

在空間的角落創出吉姆居住的森林空地。在當中放置以下服裝配件：一件披巾、一頂扁帽、一件舊夾克和一根枴杖。同時在當中放一張椅子，旁邊有一個舊的鍋子和一個籃子。並且將一幀繪製好的海報（見下方活動 5）和一罐貓食藏在籃子裡。

活動流程

1. 告訴孩子，您和他們將要一起進行一個故事，而這故事的大部分情節是發生在森林裡的。讓孩子們充分運用整個空間，宛如穿越森林般在地上爬行。他們練習如何安靜地移動和靜止不動。

2. 坐在椅子上，告訴孩子們這是嘉德萊森林中的一處空地，而他們是鄰近嘉德萊村的孩子們。他們聽說最近有一個陌生人開始住在這處空地。他們的目標是到空地四周的矮樹叢並且藏身其中。您依次將眼睛遮住和移開遮蔽物，玩變化版的**祖母的腳印**遊戲，直到所有孩子都安靜地在吉姆的空地四處圍坐下來。

3. 介紹空地中的服裝和物品。鼓勵孩子們猜想誰會是這些東西的所有者——他年輕或者年老、富有或是貧窮等；而當他們能夠和這個人交談時，他們會問他什麼問題。

4. 披上服裝配飾——一邊**敘述**一邊融入角色（**教師入戲**）。「補鍋匠吉姆又老又瘦。他這一生四處漂泊，總是餐風宿露，而此刻他在棲身的小棚

子外頭坐著,這是嘉德萊森林中的一處空地。」接著向孩子們打招呼,並隨意地和他們交談。您需要確立:

- 吉姆是友善而且可以被信賴的(比方說,藉由主動醫治一個孩子的疣這樣的行為);
- 一些關於他過去的事,一如書中所述;
- 他動作遲緩,無法再為自己捕捉到食物了——而且他不喜歡像是烤刺蝟和大鷗蛋這類的美食。因此他正餓得發慌。

5. 當您覺得時機恰當時,向孩子們展示您從嘉德萊教區牧師寓所外取來的海報。您近視而且遺失了眼鏡,讓孩子們幫助您閱讀它的內容。您可以依據班上孩子的特質來寫海報的內容——以下例文供您參考:

嘉德萊教區的
俄巴底亞‧德兒夫斯牧師夫婦
為那些比他們不幸的人
將分送免費的食物。
如果您想嚐嚐他們櫥上的食物,
三點半時去報到。[5]

6. 您性急地問一個孩子,牧師家要怎麼去,同時沒忘了拎著袋子。一旦到達了那兒,安靜地爬上窗戶,對您看到所有那些攤在桌上的美好食物發表意見。邀請個別的孩童朝窗裡頭望,要他們詳細地描述所見到的食物。

7. 請孩子們在您敲門的時候躲起來,並且保持安靜。對他們承諾,您將會與他們分享您所得到的任何食物。告訴他們,您可以聽到牧師就要來應門了,摘下您的帽子並且和他說話(這裡的表演方式就像電話交談一樣——孩子只能聽到吉姆說的話)。接受牧師的邀請,對孩子們眨眨眼,然後進到他的家中,動作靜止,脫離吉姆的角色。讓孩子們想像吉姆會拿著什麼離開房子。徵求自願者**塑造**當吉姆離開房子時看起來如何,以及可能說什麼話的不同版本。

8. 恢復戲劇,**入戲**成為吉姆。您看起來失望而且困惑,同時從袋子中慢慢

5　譯註:原文為 The Reverend and Mrs Obadiah Delves/Of Cudeleigh Rectory/To those less fortunate than themselves/Will give out food for free./If you would taste what's on their shelves/Be there by half past three.

地拿出一罐貓食。在角色中，詳述牧師「慷慨的行為」，並且詢問孩子們的看法。吉姆當時應該如何回應？拒絕貓食？讓牧師覺得羞愧？他應該說什麼話來使牧師知道自己錯了？以**論壇劇場**的方式來嘗試各種可能，吉姆假裝是牧師，而一個孩子（戴上吉姆的帽子）扮演他。

9. 在您已經廣徵各方評論、意見之後，讓孩子們幫助吉姆寫一封信給牧師，試著讓他為自己的行為感到羞愧。

評量標準

孩子們能否就空地中的物品適切推敲出吉姆這故事人物的特徵？

他們是否適切地維持住角色，並且參與角色的行動？

他們在活動 7 和 8 中是否有效塑造出吉姆以及牧師的回應？

他們對牧師的行為提出何種反對理由？它們在信中是如何表達的？

故事：補鍋匠吉姆
第 二 課

主要的道德概念

- 財產的價值
- 關懷他人
- 分享／不分享

主要的戲劇學習目標

在本堂課結束時，孩子們將已經：

- 在全班以及小組戲劇中維持住角色
- 經由摹擬展現一些簡單的活動
- 展現即席創作戲劇的能力，並使不同的觀點得以表達出來

資源

同第一課。再加上一封牧師的回信和一頂席格女士的華麗帽子。

活動流程

1. 玩「補鍋匠吉姆追小雞」的捉鬼遊戲（tag game）。由戴上吉姆帽子的孩子當「鬼」。每隔一段時間，把帽子戴到另一個孩子頭上，換人當鬼。

2. 回溯上一節課的內容。在戲劇開始之前，要孩子們準備好，因為您將要扮演吉姆以及故事中的另一個人物。

3. 在空地中，**入戲扮演吉姆**，手上拿著一封牧師的來信坐著。這封信應該用兩大張紙來寫，以利孩子們和您一起閱讀。

親愛的補鍋匠吉姆，
很遺憾你對我慷慨的禮物並未心存感激。內人認為你應該學著照顧自己，所以她為你寫了份蕁麻湯的食譜。

俄巴底亞・德兒夫斯牧師上

蕁麻湯
你需要：
　　一顆洋蔥
　　一個馬鈴薯
　　一百根蕁麻的刺
　　水
1. 首先，把洋蔥切細，放進鍋子中。
2. 然後，把馬鈴薯切細，放進鍋子中。
3. 接著，把蕁麻切細，放進鍋子中。
4. 加水煮沸。

5. 先在孩子們的協助下大聲朗讀信的內容，然後大家一塊兒從頭到尾再讀一遍。菜單部分也依此程序進行，留一點時間讓孩子們可以發表意見。

6. 安排孩子協助您製作蕁麻湯。請他們為您摘下蕁麻刺。您或許可以**摹擬**拿一些舊的手套給他們的動作。一些孩子則可以摹擬其他的活動。當所有的東西都放進鍋子時，非常快速地完成烹煮的動作。淺嚐味道後，做出作嘔的反應，然後讓一些願意嘗試的孩子也做出同樣的反應。

7. 吉姆的腦筋動到嘉德萊塔樓中的那位女士上。他見過她幾次，看起來豐衣足食的。她的名字是千金桑・席格女士。或許她有些食物可以分給他吃？經過了牧師家的事之後，吉姆非常洩氣，不敢向席格女士開口。孩子們是否願意幫他跑一趟、向席格女士懇求呢？吉姆強調孩子們必須有禮貌，並且和他們預演要對席格女士說的話。

8. 穿越森林、通往嘉德萊塔樓的路非常曲折。玩「追隨領袖」之類的遊戲以達目的地。

9. 脫離角色，讓孩子們圍坐一圈。告訴他們馬上就會見到席格女士了，但在那之前，他們有機會看看她一個人獨自在花園的模樣。要他們留心觀察席格女士喜歡以及認為重要的東西。**入戲**扮演席格女士，在您的花園中漫步，說您有多愛您的花兒、樹木、房子、大門、車子、珠寶等等，因為它們是嘉德萊地方最大、最昂貴的東西了。脫離角色，問孩子們到目前為止對她的認識有多少。

10. **入戲**扮演席格女士，告訴孩子們您將邀請他們當中的其中兩位喝茶，而且要以最講究的方式來享用。如果孩子們有任何想對您說的事，可以在那個時候告訴您。教導孩子們如何體面地喝茶（小指頭直直地翹起來！），以及如何說：「牧師，勞駕您將煎餅遞給我。」將它以誇張諧擬的方式做出來。向孩子們解釋您也邀請了牧師夫婦來喝茶。

11. 將孩子分成三人一組。其中一位是席格女士，另外兩位是席格女士邀請用茶的村莊孩童。提醒他們此次拜訪的目的——為補鍋匠吉姆乞求食物。讓小組們經由即興**演出**會面的結果。數分鐘後，中斷小組的表演，詢問每一組，席格女士是否答應幫助吉姆。簡短地和每一組討論他們決定的理由。

12. 極可能有許多組會讓席格女士答應幫助吉姆。讓孩子們圍坐一圈，並選出做此決定的其中一組。與他們即興演出這個場景，由您**入戲**扮演牧師或牧師夫人。聽到席格女士幫助補鍋匠吉姆的決定之後，告訴她，吉姆並不感激您對他所做的慷慨施捨，並且試著說服席格女士改變她的決定。

13. 脫離角色，問孩子們為補鍋匠吉姆要到了什麼食物。徵求自願者表演當吉姆看到這些食物時會是什麼樣子。

評量標準

孩子們能否適當維持住角色，特別是在活動 11 中？

他們能否適當進行簡單的摹擬活動？

他們能否在活動 12 中適當地反駁牧師／牧師夫人？

故事：補鍋匠吉姆

第三課

主要的道德概念
- 偷竊
- 犯罪與刑罰

戲劇學習目標
在本堂課結束時，孩子們將已經：
- 擴展他們摹擬的技巧
- 在角色中表達故事中不同人物對吉姆的態度

資源
有用的服裝配件

跳繩以及「時髦的」夾克和圍巾——夾克和圍巾夾在跳繩上，弄成晾衣繩的樣子

兩個割開了的紙袋、簽字筆

用以代表地方報頭版新聞的大尺寸紙張（見活動5）

活動流程
1. 詢問孩子們最喜愛的食物。將它們寫在準備好的紙袋上。一起唸出每一個紙袋內的內容物。

2. 讓孩子們圍坐一圈，將紙袋放在中央。解釋圍圈圍起來的區域代表著席格女士的車庫。吉姆太喜愛這裡的食物，以至於他一而再、再而三地回來拿，而且當他被管家追趕的時候，還以為管家是來幫他的。玩「農夫與狐狸」遊戲的變化版本，看看吉姆是否能拖著一袋食物脫逃。一個孩子自願擔任吉姆並且離開圈圈，面對牆壁站著，閉上眼睛。以輕拍肩膀的方式，從圈圈中挑選一位孩子擔任管家。管家必須等到吉姆拾起袋子時，才能開始展開追逐。如果管家在吉姆離開圈圈之前就碰觸到他，那麼吉姆就算是被捉到了。吉姆只能從他進圈圈的同一處地方離開。玩三到四次，每次換不同的孩子擔任吉姆和管家。

3. 把一件時髦的夾克和圍巾夾在跳繩上。請兩位孩子在圈圈中央拿著它，另一位孩子穿著吉姆的服裝。簡短地敘述開場，並且要吉姆按您的敘述

摹擬出動作。「一天晚上，當吉姆拿著一些食物準備離開之際，瞥見了晾衣繩上的時髦衣服。他非常仔細地看著它們——它們看起來很乾淨；他摸了摸夾克——感覺非常柔軟；他再摸摸自己的夾克，做了個鬼臉——嗯！摸上去的感覺……」問孩子覺得吉姆的夾克給人何種感覺。以這種方式讓他們參與敘述這個場景，並建議吉姆要摹擬的動作。孩子們幾乎都會提議吉姆偷走夾克和圍巾，而且還要吉姆把自己的夾克夾上晾衣繩，就在夾克和圍巾原先的位置上！

4. 簡短地討論孩子們對吉姆行為的看法——先是偷食物，然後是偷衣服。他們認為他會被逮到嗎？

5. 向他們展示預先準備好的地方報《嘉德萊新聞》，首版頭條刊載著「嘉德萊塔樓之賊落網——警局拘留補鍋匠吉姆」。詢問有哪個孩子願意示範他們認為吉姆在頭版新聞照片中可能看起來的樣子。讓一個孩子扮演警局裡的吉姆。鼓勵全班讀出他的情緒和想法。接著讓一個孩子擔任吉姆進行**坐針氈**，查明他到底是如何被逮到的。

6. 根據前一活動創造出的故事，孩子們在小組中**摹擬**吉姆是如何被逮到的。為孩子的摹擬提供敘述，幫助他們組織動作和調整節奏。（也可以讓孩子自己把這個場景**演出來**。）

7. 問孩子是否知道當人們犯罪被逮到時，會有什麼下場？以地方法官公聽會的形式召開**會議**。解釋證人在接受質詢時，可以為吉姆辯護也可以反駁他，而吉姆則可以為自己辯解。問孩子們，故事中有誰可能說些對吉姆有利的話，而誰又可能說些對他不利的話。當地方法官傳喚時，孩子們可以自願擔任這些角色。強調法庭中不能說謊或編造故事。**入戲扮演**地方法官，每次傳喚一個不同的人物來回答您的問題。在這裡，小的服裝配件可以幫助孩子——席格女士戴一頂帽子、牧師手持聖經等等。在您已經聽過辯方和反方兩造意見之後，說明吉姆很顯然有罪，而一般的罰責是六個月的刑期。您不能讓他逍遙法外。對於讓吉姆坐牢一事，孩子們有任何異議嗎？藉由脫離角色，詢問孩子們希望地方法官如何判，以及他們覺得他究竟會如何判，為這個會議做個結束。

8. 不要做出判決，讓孩子們知道當您為他們讀故事時，他們就會知道發生了什麼事。現在，終於到了把書拿出來給他們看的時候嘍！

評量標準

孩子們在活動 3 和活動 6 中，是否能清楚明確地摹擬出動作？他們是否能回應您在敘述中所製造的緊張感？

在活動 7 中，孩子們在角色中就他們所扮演的人物以及就故事事件所表達的主張是否適切？

他們在討論給予吉姆公正的刑罰時是否深思熟慮？

 語文目標和相關活動

孩子們應該被教導： *故事和詩歌*	*本章範例*
閱讀理解 4. 預料故事的結局／插曲；	在整個戲劇活動中，孩子們經常被要求預測接下來發生什麼事；吉姆離開牧師家時看起來會是什麼模樣；當他看到晾衣繩上的衣服時會做出什麼事等。
6. 識別和描述角色，表達自己的觀點以及運用文本的字句；	在戲劇中，孩子們被要求根據吉姆、牧師、席格女士的言行來描述他們，並且提供自己的見解。
7. 各自準備、重述故事，以及在小組角色扮演中，運用文本中的對話和敘述；	本章戲劇活動滿足這項目標，而且在這些戲劇活動中，孩子們準備並且演出故事的片段。
8. 大聲朗誦自己創作的詩；	見第 28 頁表列項次 15。
9. 識別和討論不同詩中的節奏、押韻模式以及其他聲音特徵；	孩子們比較《補鍋匠吉姆》和標準五行打油詩的詩韻結構特徵。
10. 評論和識別如何朗誦詩能富於意義而且給人深刻的印象；	孩子們研究詩的標點符號如何有助於指示讀者在每一詩行行尾，何時該停、何時不該停。教師舉一些詩歌朗讀優／劣的例子，供孩子們評斷。
寫作 13. 從閱讀中運用故事場景，如：重新描述，或使用在自己的寫作中；	孩子們畫一張嘉德萊和鄰近地區的地圖，並且描述那兒有什麼東西。

14. 運用文本中描述人物的字句或該人物說的話來寫作人物簡介，如：簡單的描述、海報、護照；	補鍋匠吉姆的監獄檔案或一張「懸賞」海報；席格女士的護照；教區通訊中關於牧師的描述。 參考原書和戲劇中的例子，全班列出吉姆和／或席格女士所展現出道德上好和不好的行為。
15. 運用詩的結構作為寫作準則，創造自己的詩行／詩句；	孩子們為這本書寫一段佚詩，描述補鍋匠吉姆如何在接近故事開始之時獲得食物，或接近故事結尾處的獄中生活。原書插圖提供了必要的細節。

討論／圓圈時間

　　許多道德方面的討論在戲劇中進行，但以下主題可以在孩子們已經聽過故事後，於課堂中討論。

1. 故事中哪些人物有分享的行為？哪些人物沒有？孩子們喜歡他們的朋友與他們分享嗎？分享哪一類的東西呢？孩子們總是分享自己的糖果和玩具嗎？何時分享、何時不分享呢？當某一個人不願意和你分享時，會有什麼樣的感覺？

2. 將孩子分為四到五人一組。給每一組不同數量的餅乾——一組給兩塊，另一組給六或七塊。接著告訴他們，每個人都可以吃一塊餅乾。有些小組的餅乾不夠分，所以問問他們該怎麼辦。問孩子們讓擁有比所需還多的小組將餅乾分給餅乾不夠的小組是否公平。

3. 牧師的行為很明顯地不符合孩子們的期待。神職人員應該如何表現？為什麼？孩子們如何理解「慈善」和「慈善的」這兩個詞彙？他們知道任何慈善機構嗎？他們對於像是「關懷兒童協會」（Child in Need）或「快樂慈善基金會」（Comic

Relief）[6] 的認識有多少？他們可以想出任何學校幫助窮困者的方法嗎？

4. 吉姆必須餐風宿露。這樣舒服嗎？在冬天的時候這樣舒服嗎？下雨的時候又會如何？

5. 在書中，我們看到吉姆非常飢餓，而稍後在吃了太多席格女士冷凍庫食物之後變得非常虛弱。或許孩子們可以分享一些他們曾經非常餓，而後又因為暴飲暴食讓自己非常不舒服的小故事。

6. 孩子們對吉姆的刑罰有什麼想法？他們覺得判決公平嗎？如果不公平，他們覺得對吉姆而言，怎樣的判決才是公平的？

7. 鼓勵孩子們分享自己犯錯之後，做某些事來彌補過錯的小故事。這麼做讓自己或其他人感覺如何？

6　譯註：Comic Relief 是英國一個很重要的慈善活動，這是由一班著名的英國喜劇演員企劃的救濟金，意圖用滑稽、幽默的方法帶動全國的人民為貧窮與有困難的人們籌款。這個慈善團體最顯著的代表就是紅通通如同小丑般的大紅鼻。

三年級
阿秀和海妖

資料來源：

由 Annouchka Gravel Galouchko 創作及繪圖的《阿秀和海妖》（*Sho and the Demons of the Deep*），1998 年由 Annick Press (U.S.) Ltd. 出版。

社會與道德主題	
法規	**社群和環境**
● 法律和規定	● 同心協力
● 違法與犯錯	● 對環境負責
財產與權力	● 團體和個人的責任
● 犯罪的後果	
● 領導者的特質	

故事

　　這個故事的時空設定在遠古時代的日本，書中的插畫在內容和色彩上都非常豐富，風格讓人聯想到傳統的日本繪畫。故事述說在很久以前，這個民族因為太害羞、不敢透露自己的夢，所以把他們的惡夢打包丟到海裡。然而，夢逃了出來，許多妖怪在海上興風作浪，漁船因而沉沒，人們很快就變得飢餓和絕望。後來，兩個漁夫聽說有位名叫阿秀的年輕女孩能夠看穿所有生靈的內心，於是向她求助。阿秀要求這個民族承諾將一週的漁獲捐獻給窮苦的人，而且

往後不再將惡夢丟進海中。她接著請他們用船將她載到暴風雨的海上，接著以慰藉的語言和聲音讓海妖平靜下來，使牠們的憤怒軟化，直到消失不見。一切終於回歸正軌，有好長一段時間，這個民族過著和諧的生活。可是，因為他們沒有地方丟棄他們的惡夢，惡夢便開始從他們的碗櫃和衣櫥滿了出來。這時，來了一個陌生陰沉的傢伙，自稱是拾荒者，他承諾以一袋惡夢一個銀幣的價格，清除所有人的惡夢。人們對他的服務相當感激，可是這個拾荒者在離開村莊時，只是把他們的惡夢再次倒進海中。很快地，海上起了比之前更厲害的風暴。這一次，當阿秀來到海邊時，她直接對大海說話，教它把妖怪吐回陸地。就在一個巨浪拍岸之際，大海吐出妖怪，這些妖怪被沖上岸之後，成了無害的綠色爛泥。村民高興地唱歌跳舞，而孩子們詢問阿秀她的祕訣。她是這麼回答的，與其害怕自己的惡夢，不如逗弄它們；把惡夢拋向空中，而非丟入海中。一個小男孩聽了之後起而響應，把他的夢境畫成一張張的圖畫，再把它們拋向空中。另一個村民也畫下他的夢境，將它們黏在一個輕的木框上，用繩子將木框繫住，讓它隨風舞動。很快地，所有的村民起而效尤，第一個風箏也就這麼被創造出來了。

為何選擇這個故事？

- 這是個用安撫、而非殺害妖怪的方式達成以善勝惡的例子，它為許多傳統故事、幻想卡通和電腦遊戲提供了很好的對照。
- 故事中運用了大量的象徵，藉此能引導孩子們思考一些個人和環境的議題，即什麼是他們應該以及不需要懼怕的；我們又能如何為防範環境污染盡心力。
- 這本書不只為語文時段提供了插圖精美的文本，也可以用來激發大量感人的藝術、音樂和舞蹈作品，和戲劇方案相輔相

成。

戲劇

下列多數戲劇活動可以在教室中進行，只有第二課因為集中於動作，需要大的活動空間。第一、第二課大致需要一小時的時間，目的在探索以聲音和動作象徵性地再現故事豐富內涵的可能性。第三課，如同計畫中說明的，最好分成三節、每節十五分鐘的方式來進行。這些活動在幫助孩子探索故事中一些道德的蘊涵，特別是與我們的環境責任和制定法律規範以確保人們發揮公德心相關的部分。戲劇活動並沒有完全開發這個故事的豐富潛質。比方說，如果您對舞蹈有特殊的興趣，在閱讀本書時，將會比我發現更多適合發展肢體動作的機會。

課程時間表提案：一至二週

因為我們將這些課程設計為僅需使用禮堂一小時，您大可以在一週的語文時段中教授這則故事，並且在這一週當中完成所有的戲劇活動和部分語文活動。

在您初步說完這個故事、開始戲劇活動之前，可以與孩子們討論若干問題，如：為什麼當發生食物短缺時，窮苦的人要比富有的人受更多的苦？阿秀做了什麼事來幫助窮人？孩子們覺得阿秀要漁夫把一週漁獲給窮人的要求如何？他們覺得漁夫們可能會有什麼想法，為什麼？

故事：阿秀和海妖

第一課

主要的道德概念

- 我們如何描述／理解醜惡的行為
- 我們如何描述／理解上述行為的對立面
- 領導者的特質

戲劇學習目標

在這堂課結束時，孩子們將已經：

- 實驗自己聲音表現的可能性
- 協助創作和表演一段表演詩[7]

資源

活動掛圖和筆、鼓、數個搖鈴、錄音機和空白錄音帶

活動流程

1. 與孩子們討論妖怪是多麼邪惡和令人討厭。牠們可能做哪一類邪惡和令人討厭的事？將這些事以動詞形式列出來，如：殺死、叫喊、摧毀。

2. 練習用妖怪般的方式吟誦表單上的字——叫喊（shouting）、嘶鳴（hissing）、嗥叫（growling）等等。您可以請孩子提供建議，從上述字中擇若干表演，再讓他們模仿您的聲音。接著指向表上不同的字，請孩子們一起嗥叫或一起叫喊。

3. 討論阿秀何以能用她的聲音撫慰惡魔。撫慰的聲音聽起來是怎麼樣的？讓孩子以撫慰的聲音唸出表上一、兩個字，討論和緩的聲音如何可能傳遞著完全相反的字義。請孩子幫您列出第二張表，內容是與上列行為反義的字。用不同顏色的筆來寫這張表。

4. 如活動2，但改用撫慰的聲音吟誦。

7　譯註：根據英國教育技能部（DfES）的定義，表演詩包括了任何適於表演的詩。它的形式可以包括歌謠、歌曲、饒舌歌或自由詩。標誌職業表演者特色的表演詩傾向於活潑、直接而且通常像是「微調過的日常語言」。表演詩中的情感是直接的——有趣、悲傷、憤怒和熱情的。

5. 現在告訴孩子，您和他們將要創造一些全班都能表演的詩。這首詩的前半部將以代表惡魔的聲音說出，而後半部則以代表阿秀的聲音說出。寫下這個句子：「我們是巨大的惡魔，從海底深處蜂擁而來，很快就要摧毀小漁船」，請孩子從活動 1 的表單選出四到六個惡魔現在可能說的字。在下方，寫下阿秀在書中說的這個句子：「你是小小龍、浪上的氣泡，很快就要被嬉戲的風兒吹破了」，再讓孩子從活動 3 的表單中選出合適的字。接下來的詩現在唸起來如下：

我們是巨大的惡魔，從海底深處蜂擁而來，
很快就要摧毀小漁船。
毀死！
傷害！
撞碎！
摧毀！
你是小小龍，浪上的氣泡，
很快就要被嬉戲的風兒吹破了。
治癒！
寬容！
修復！
創造！

6. 大家一起練習從頭唸到尾，並決定表中各字詞的表達方式。接著將全班分成兩半，一半當怪獸，另一半當阿秀。當怪獸出場時擊鼓，而當阿秀出場時搖鈴。練習過一次之後，為這段表演錄音。然後兩邊交換，重複這個練習。

評量標準
孩子們唸出表上的字詞時，聲音是否富於表情？
他們表演的錄音是否富於表現力？

討論／圓圈時間

1. 孩子們認為惡夢之魔是快樂或者不快樂的生物？為什麼？

2. 阿秀是藉由叫喊或嚇唬的方式讓妖怪聽話的嗎？她是怎麼做的？

3. 孩子們覺得自己曾表現得像個小魔鬼過嗎？何時？這讓他們自己／其他人感覺如何？

4. 他們曾否像阿秀一般冷靜並且撫慰他人？是和小嬰孩或寵物共處的時候嗎？這麼做的感覺如何？

5. 他們比較喜歡自己的老師像妖怪或者像阿秀？為什麼？

故事：阿秀和海妖
第二課

主要的道德概念
- 同心協力
- 處理我們的恐懼

戲劇學習目標
在本堂課結束時，孩子將已經：
- 節制但富表現力地運用動作來描繪惡夢之魔
- 運用輕軟的布料來表現暴風雨和風平浪靜時的海面

資源
數段藍色、輕軟的布料；搖鈴數個；鼓數個

活動流程
1. 請孩子兩人一組，面對面坐著，一人當 A，另一人當 B。A 做各種鬼臉讓 B 模仿。約三十秒後，換 B 帶頭而 A 跟著做。

2. 請孩子們找一處空間，在這個空間走動。當您下指令時，他們必須做出一種妖怪的樣態並且停格。接著，他們必須以那妖怪的模樣安靜地穿越這個空間。重複做三次，每次換不同的妖怪樣態和步態行之。

3. 讓孩子們坐下，徵求自願者展示他們的妖怪模樣。一次三到四位孩子，仔細觀賞他們的展演，並鼓勵其他孩子給予讚美。選一到兩位自願者，協助他們做出更可怕的惡魔樣態——你的惡魔有爪子嗎？你可以讓你的

手指看來像爪子嗎？你的妖怪可不可以再更怪些？牠有沒有尖尖的舌頭？

4. 請孩子們再找一處空間，自己盡可能將妖怪的樣態做到可怕至極。接著請他們坐在自己的位子上，想想他們在海中會如何動作。大海是如何動的？引發像是**波浪、起伏**的字眼，並且示範這些動作看起來可能是什麼樣子。他們可以展示自己的妖怪在海中像波浪一樣起伏的樣子嗎？用鼓或鈴鼓，讓孩子們分別以和緩的速度和激烈的速度練習這些動作。為了便於管理，您可以強調這些動作必須在自己的位子上進行，不能越界。

5. 請孩子記下這些動作，然後圍坐成一圈。您拿出數段藍色布料，問孩子它們可以代表什麼（大海）。與一位孩子共同示範，讓布像海浪一般波動。把所有的布分下去給孩子，讓他們兩人一組也試試看。接著示範如何在控制之下使波動變得更快些，再讓孩子們練習。

6. 讓孩子們圍坐一圈，將四段布條攤開，圍在圈內。向孩子們說明每一個人都有機會以和緩和激烈的速度**表演**大海和海妖。由八個孩子負責拉起布表演大海的波動，其他七或八個孩子在這些布圍成的圈內表演妖怪。他們必須跟著您擊鼓或搖鈴的節奏，或激烈或平靜。進行三到四次，讓每一個孩子都有機會分別擔綱大海和妖怪。

評量標準

孩子們在表現妖怪時的動作是受控制而且富於表現力？

當他們兩人一組用布來表現大海時，作品是否受控制？

討論／圓圈時間

1. 孩子們曾經做過惡夢嗎？有任何人願意分享自己做過的可怕惡夢嗎？

2. 我們應該害怕自己的惡夢嗎？

3. 孩子們害怕哪一類的事？老師害怕哪一類的事？這些事有哪些事實上是無害不傷人的？

4. 有任何一位孩子願意分享自己害怕的經驗嗎？

5. 我們應該害怕什麼事？有哪些是我們可以避免的？有哪些是可以經由告訴別人來克服的？

故事：阿秀和海妖
第三課

主要的道德概念
- 對環境負責
- 法律和違法
- 團體與個人的責任

主要的戲劇學習目標
在本堂課結束時，孩子們將已經：
- 對入戲扮演的教師提問
- 在角色中運用語言來申論、解釋、提問和勸服

資源
一些銀幣、一個空白的卷軸、活動掛圖和簽字筆

活動流程
註：儘管以下的活動在此以一堂課的形式來呈現，計畫上是以連續三天、每天十五分鐘的課堂時間來進行的。它們發展一個前後一致的故事，並且共同承擔上述的學習目標。如果您要在一堂課當中教授，就得考慮加上更多肢體活動和更多樣化的戲劇慣例。

1. 將孩子們聚集到您身邊，告訴他們將有機會看見、聽見故事中的一個人物。要孩子們仔細看和傾聽，您即將**入戲扮演**那個收錢清除村民惡夢但其實只是把它們丟向大海的拾荒者。發表一段簡短的獨白，數著您的銀幣，對今天的成果感到滿意，期待著在其他村莊重施故技。

   脫離角色，問孩子覺得您扮演的是哪一個人物。問問看孩子們是否想要問拾荒者關於他工作的事，或對拾荒者有什麼看法。將一些問題列出來，然後讓孩子質問入戲**坐針氈**的您。答案盡可能地挑釁。比方說，如果一個孩子問您是否真的為皇帝工作，您可以回答：「不是，但我這麼說，能讓其他人更把我當一回事。」如果他們說把惡魔丟進海裡是不對的，您可以反問他為什麼，而在他們解釋之後，說您一點也不在乎，因為您自己並不住在海邊。

   脫離角色，詢問孩子們對拾荒者的看法，以及他是否應該被允許繼續做這樣的事。如果不應該，原因何在？本節結束。

2. 回溯昨天的活動，問孩子們是否能假裝自己是阿秀村莊的某個人，並且說服皇帝阻止拾荒者造成進一步的損害。他們會告訴皇帝哪一類的事？提醒他們必須對皇帝非常尊敬，然後**教師入戲**扮演皇帝。一開始問他們為什麼來見您，讓他們認真仔細地說明問題。接著表現出關心的樣子，但對他們說，您並不確定自己可以就此事做些什麼——他們有任何主意嗎？傾聽他們所有的想法，最後說如果拾荒者觸犯了法律，那麼您就可以阻止他。孩子們能否協助您立下新的法律呢？在孩子們的協助下，制定這條新法，吸收他們的想法，以及他們覺得違法時的適當罰則。祝福孩子，並徵得自願者將新的法律工整地寫在卷軸上，供明天使用。本節結束。

3. 向孩子說明，皇帝請他們將這卷軸遞交給拾荒者。**入戲**扮演拾荒者，當他們宣讀新法時，仔細傾聽，然後露出驚訝和困惑的表情。為什麼皇帝覺得您所做的事是錯的？村民能否解釋這樣做是多麼有害嗎？為什麼人們不被允許任意傾倒東西？讓孩子們在村民的角色中向您充分說明為什麼您所做的事是錯的，接著您可以表現出傷心的樣子，問孩子們如此一來，您該以什麼維生。有什麼其他的工作是跟您可以做的拾荒有關的？傾聽孩子的建議，當他們提出好辦法時，表現出非常滿意的樣子。

評量標準

在活動 1 中，孩子們是否讓拾荒者飽受坐針氈訊問？他們的問題是否切題，他們是否聆聽並回應老師的回答？

孩子們如何善用語言在活動 2 中說服皇帝並協助立法，在活動 3 中和拾荒者說明和辯論？

討論／圓圈時間

1. 將拾荒者所做的好事和壞事列成一張表。為什麼這些事是不好的？

2. 為什麼皇帝立新法來阻止拾荒者？我們所謂的「法律」是什麼意思？

3. 在故事中，拾荒者傾倒惡夢之魔而污染了海洋。我們所謂的「污染」是什麼意思？在真實生活中，海洋和河流是如何遭

受污染的？這對在那兒生存的動物有什麼影響？

4. 孩子們曾看過廢棄物嗎？在哪裡？他們看到哪一種廢棄物？為什麼隨意丟廢棄物是不好的？這麼做在什麼時候可能造成危害？我們應該如何處理呢？

5. 拾荒者通常可以清除哪一類的東西，他要把垃圾傾倒在哪裡才不會造成危害呢？

語文目標和相關活動

學生應被教導： *故事和詩歌*	**本章範例**
閱讀理解 2. 研究故事典型的主題，如：審判與罰金，以善勝惡、弱勝強、智勝愚；	全班製作一個本學期所學傳統故事的資料庫，並圖解每一則故事的特色。如：阿秀柔弱，但她善良並且獲得了勝利，惡魔儘管強大，卻是邪惡的，而且最終被打敗了。
3. 識別和討論主要和反覆出現的人物，評斷他們的行為，並舉例證明自己的觀點；	孩子們在戲劇和圓圈活動中討論阿秀、惡魔和拾荒者的行為。
4. 選擇和準備表演用的詩，確定合宜的表情、語調、音量，以及人聲與其他聲音的運用；	參見戲劇第一課。
5. 排練和改進表演，註記標點和語文意義；	孩子們聽他們在第一課時的朗讀錄音，討論他們能如何為第二次的錄音做些改進。
寫作 7. 用各種方式描述故事中重要的事件，並且將它們排序，如：藉由列表、製圖、畫地圖、製作簡單的故事板；	孩子們四到五人一組，發給每組一大張紙，請他們利用這張紙製作**故事地圖**。

8. 運用故事內容來描寫人物的行為和特徵，並將它以各種形式來呈現，如：海報、加了註記的圖表、給周遭朋友的信；	孩子們繪製主要人物在故事不同時點的圖像，並且將它們黏在活動 7 完成之故事地圖的適當位置上。
10. 運用相同的人物和場景，創作傳統故事的續篇；從故事當中識別典型的句子和表達方式，並用以幫助架構這篇寫作；	孩子們寫下關於村民如何晉見皇帝，並讓他通過新法阻止拾荒者的故事。
非小說 **閱讀理解** 12. 識別指令性文體的不同目的，如：規範；	教師入戲扮演皇帝，指引孩子們運用正確的文體來撰寫法律。孩子們討論法律的目的，並且寫下勸阻人們將垃圾傾倒海中的告示牌。
14. 認識規章的書寫體例，如：條列式、編號……；	教師入戲扮演皇帝，並且在孩子們有需要時，示範如何將應用文的書寫體例運用在撰寫法律上。
字彙 **擴充字彙** 24. 探索反義字，如：上／下，無禮／有禮；	孩子們在戲劇第一課探索並描述和醜惡行為對立的字。

四年級
好心的克拉拉與自由之被

資料來源：

由 Deborah Hopkinson 著和 James Ransome 插圖的《好心的克拉拉與
自由之被》（*Sweet Clara and the Freedom Quilt*），1995 年紐約的
Dragon Fly Books 出版。

社會與道德主題	
友誼	尊重異己
● 孤獨，沒有朋友	● 尊重種族和文化上的差異
規定	● 尊重並且關懷他人
● 法律和規定	● 性別角色
● 權利和責任	群體
● 正義與公平	● 同心協力
財產與權力	● 團體責任
● 平等與不平等	
● 財產的價值	

故事

　　《好心的克拉拉與自由之被》是一則關於十二歲黑奴女孩克拉
拉的故事。克拉拉隨著母親到俄亥俄河南邊的一處莊園工作。在那
裡，她由一位年長、名叫瑞秋的女性奴隸照顧著，女孩喚她阿姨。
同時，她也和一位名叫傑克的年輕奴隸成為好朋友。克拉拉身體虛
弱，無法到農地工作，所以瑞秋姨教她縫紉，讓她得以受雇於主人

家中擔任女裁縫。有一天,她無意間聽到廚房裡的一段對話。廚師和兩名馬伕談論著奴隸的主人即將採取行動來扼止奴隸逃跑的行為。他們提到俄亥俄河是多麼的近,「地下鐵道」[8]又將如何幫助那些成功渡河的人到加拿大重獲自由,而若是能有一張地圖的話,這些事將變得多麼容易。稍晚,克拉拉詢問瑞秋姨這段談話的內容,瑞秋姨告訴她關於加拿大的一些事,以及成功逃亡者如何循著北極星到達那兒。瑞秋姨也向她解釋什麼是地圖。克拉拉於是決定製作一條有著地圖作用的被單。克拉拉存了一些碎布頭,再根據傑克提供的資訊(傑克前不久試圖逃跑但失敗了),開始製作她的被單。愈來愈多的奴隸聽說了她的意圖,也看到她成品的品質,便開始蒐集並且提供周遭地理環境的訊息。他們告訴她,今年在哪些農地上有著什麼作物,以及如何找到能領著他們安全穿越附近沼澤的路徑,還有其他類似的細節。當克拉拉終於完成她的被單時,她和傑克成功地逃離,在途中還接走她的母親和剛出生的妹妹。瑞秋姨年紀太大而無法逃走,但克拉拉留給瑞秋姨的被單卻因此幫助了其他奴隸逃離並且重獲自由。

為何選擇這個故事?

- 它提供了歷史上美國南方奴隸制度的真實面貌,但卻避免了不適合年輕孩子的殘暴意象。
- 奴隸並未被描述成讓人同情的受害者。取而代之的,他們被

8　譯註:「地下鐵道」(Underground Railroad)指美國南北戰爭以前北方各州的祕密交通網。當時北方有一些人同情奴隸,利用這些管道幫助逃亡的奴隸到達加拿大。它之所以稱為「地下鐵道」,是因為其活動必須在黑夜或偽裝下祕密進行。估計通過「地下鐵道」而獲得自由的黑奴在四萬到十萬之間。

視為支持性的群體，彼此互助以求生存，而在可能之時，重獲自由。這個故事因此是一個充滿著希望的故事。

- 這個故事也提供了女孩、老婦人以及非核心家庭堅強的意象。這些意象巧妙地編織在一個強有力的敘事中，而且從未讓「政治正確」干擾故事。

- 書寫的文本傳達了黑人社會真實的節奏、文化和字彙，而色彩豐富的插畫使故事所傳達的價值觀更具說服力，彼此相得益彰。

- 這個故事類似經典英雄追尋故事的格局（參見一年級教案）。然而，這裡的英雄是故事中最柔弱的人。她並非經由力氣、衝動和暴力來獲取勝利，而是透過靈巧、耐心和藝術才能而達成的。她在故事中也扮演著讓整個社群動起來的動力，而非將光彩集於個人。這個故事的價值，就像阿秀的故事一樣，在於提供許多孩子們所接觸的英雄故事（特別是電影和影片）一種健康的對照。這被單本身則是這些價值的一個有力意象——一種女性的、群體的、創造性的抵抗形式。

戲劇

這齣戲劇的時空設定在克拉拉和傑克逃離之後的荷姆莊園。這意味著故事應該對孩子開展宛如一場冒險或一則逃亡故事，其中有著待克服的危險和風險，以及當奴隸最後抵達俄亥俄河重獲自由時的最終勝利。然而，此處的戲劇計畫旨在強化書中明確推崇的群體價值——人們必須同心協力，互相幫助，支持彼此以通過難關。孩子們在逃亡者的角色中所同意遵守的規範，是為了要強調這些價值，而他們在旅途中所遭遇的困境和困難，則是為了與共同意志和集體

行動的背景取得平衡。他們在課程一開始共同創作的被單，正如書中所示，是上述價值的一個視覺象徵。這些課程最好在像大禮堂的大空間教授，但也能適應一般教室上課的需求。每一堂課大約需時七十五到九十分鐘。

為何進行這齣戲劇？

- 第一週的故事和語文活動將提供有力的歷史和地理脈絡，相關細節能為後續的戲劇活動做提示，並經由這些活動獲得補充。

- 追求自由的旅程在書中是非常重要的，但卻甚少敘述行為或者冒險事件。這類的敘述缺口為戲劇提供一個極佳的發揮空間。

- 在設計令孩子興奮而且刺激的戲劇活動方面，旅程是一種經得起考驗的結構骨架。尤其是藉由呈現不同的道德兩難，冒險可以為孩子提供一個試驗場。他們也可以在旅途當中遇見不同的人物，這些人物可以為孩子提供道德上正面以及負面行為的樣本，供他們思考。

- 故事中有著強有力的象徵，很容易發展成戲劇。北極星代表著希望，被單代表著前述共同體的價值觀和創造力，往俄亥俄河的旅程則代表著對自由的追尋。這樣的象徵不只賦予戲劇活動形貌，戲劇演出還可以幫助孩子們了解這些象徵的意涵，並且開始掌握象徵是如何起作用的。

課程時間表提案：四週

第一週	第二週	第三週	第四週
書本 語文時段 圓圈時間	戲劇準備工作： 戲劇：第一課 延伸寫作 語文時段 額外的英語時段 圓圈時間	戲劇：第二課 延伸寫作 語文時段 額外的英語時段 圓圈時間	戲劇：第三課 延伸寫作 語文時段 額外的英語時段 圓圈時間

第一週
語文目標和相關活動

學生應該被教導： *故事和詩歌*	*本書提供的範例*
閱讀寫作 1. 識別故事中的社會、道德或文化議題，如：故事中面對的兩難困境或故事的道德教訓，並且討論故事中的人物如何處理它們；從文本中找出證據；	列出書中奴隸遭受不公正的例子。 為什麼克拉拉在故事開端會需要幫助？有哪些人照顧她，是如何照顧的？ 列出故事中奴隸互相支持幫助的例子。
2. 閱讀其他文化的故事，藉由集中於諸如：地點、時間、習俗、親屬關係等差異，並視情況識別和討論一再出現的主題；	克拉拉在荷姆莊園的生活和孩子們的生活有哪些不一樣的地方？
寫作 8. 就故事中提出的議題或兩難寫作議論文，闡明問題、其他可行的辦法以及作者的解決方式；	說明為什麼奴隸想要逃離（像是傑克），也說明他們逃離時必須面對什麼危險。為什麼克拉拉的地圖這麼有幫助？

非小說 閱讀理解	
16. 就申論和討論的例文，如：給媒 　　體的信、文章，以及書中對議題 　　的討論，如：環境、動物福利進 　　行閱讀、比較和評估；	教師以「地下鐵道」成員的口吻，寫 一封信給報社，解釋為什麼他們認為 奴隸制度是錯的。孩子們讀信並且討 論。
寫作	
23. 在寫作中提出一個觀點，如：以 　　信件、報導或劇本的形式，具說 　　服力地串聯論點，並選用適合讀 　　者的風格和字彙；	運用這些形式的其中一種來對特定觀 眾，如：荷姆莊園的主人，提出關於 奴隸制度之惡的說明。

討論／圓圈時間

1. 克拉拉身體虛弱，但她幫助了許多奴隸逃亡。她是發展什麼技能而做到的？孩子們有什麼技能？有哪些技能是他們可以發展的？這些技能當中有什麼是可以幫助其他人的嗎？如何幫助？

2. 瑞秋姨因為年紀太大而無法逃離。但這意味著她對其他人沒有用處嗎？鼓勵孩子們討論某個老人家以某種方式幫助他們的經驗。為什麼我們應該尊重年長者？

3. 比較荷姆莊園主人和奴隸的生活方式。為什麼會有這些不公平？這意味著他們比奴隸更好、更優越嗎？為什麼不？

4. 在故事開端，克拉拉剛來到莊園，不快樂而且孤獨。別人是怎麼做讓她覺得好過些的？孩子們可以回想任何他們覺得孤獨而某個人對她／他非常友善，或者是當他們發現某個人不快樂時而釋出善意的時刻嗎？這麼做讓他們感覺如何？

第二週
戲劇準備工作：製作被單

您需要事先準備以下東西：

● 將一張大的、長方形的紙劃分成數個十五公分見方的正方形格子。格子數量應該和班級學生數量相當。每個孩子認養一個正方形，在自己的區塊寫上名字。在紙的左下角寫上荷姆莊園，右上角寫上俄亥俄河（見圖1.3）。把紙掛在牆上。

● 數張十五公分見方的紙片，每個孩子一張。

● 小紙片，每一張都有一個地理特徵。將這些小紙片折起來，放入兩個不同的帽子中。因為被單上的方塊包含了已開墾和未開墾的土地，一個帽子中應該包含不同農地上的各種作物，另一個帽子中則是各種地標。〔見下方活動 3 和班被圖說（圖 1.4）〕。

---

1. 仔細看書中第 48 頁插畫中所示克拉拉製作的被單。問孩子們是否能認出故事中提及的任何東西。特別是，他們應該能認出俄亥俄河、藏在沙洲上的船、北極星、村莊、沼澤、斷木。

2. 運用事前準備好的底圖來製作牆上的被單／地圖。向孩子們說明，他們要製作一張自己的地圖。一個孩子先將她的方塊鄰接在荷姆莊園旁，接著在自己方塊上標明路線。哪個孩子擁有這路線指向的方塊，就必須接續下去。鼓勵孩子們也標記出其他的路線和溪流，就像克拉拉被單所示。主要的路線必須在俄亥俄河處結束。

3. 一旦完成了這些細節，這張大的紙可以作為被單成品的版型。現在可以發給孩子他們自己的方塊。將被單上的方塊安排成墾地與未墾地交錯排列，讓孩子們清楚自己要設計的是已開墾或未開墾的方塊。未開墾的方塊必須富於多樣性。比方說，如果您的班上有三十個孩子，便需要在十五張紙片上指定不

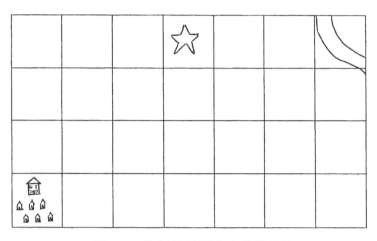

圖 1.3　為拼被地圖事先準備的格子

圖 1.4　拼被地圖

同的地理特徵。它們可以包括：三個村莊、三間農舍、兩處沼澤、三處林地、一處墓地、一間教堂、一座小山、一間舊穀倉。當中存在人口聚集的區域、潛在的危險和藏身之所，對於接下來的戲劇活動而言相當重要。

4. 孩子們藉由從帽子中抽小紙片，查明自己必須在方塊上描繪何種地理特徵。您可以讓孩子們參考克拉拉被子的插圖，啟發可以如何畫的點子。

5. 對於分配到畫已開墾農地的孩子，小紙片可以提示他們在棉花和玉米以外其他各色各樣可能生長的植物，像是雛菊、矢車菊、罌粟花和牧草。可以根據書本的插圖來改造這些農地的圖樣。

6. 孩子們一旦知道該在自己的方塊畫些什麼時，便可以動手畫和著色了。確認那些認養方格中有路徑和溪流的孩子，精確複製他們在版型上所標示的位置。當這些方塊完成後，將它們貼在大紙上，完成這拚布地圖，在後續的戲劇中將會派上用場。

戲劇準備工作：克拉拉和傑克的消息

由於這是您語文或英語課的一部分，向孩子們說明，雖然多數奴隸不被允許學習讀或寫，仍有一些奴隸有識字能力，偶爾能取得由地下鐵道組織秘密流傳的報紙。然而，因為這報紙在許多人之間傳閱，它們破損或被撕開。用投影機向他們放大展示圖 1.5 的複本。說明它是如何以這種狀態到達瑞秋姨那兒的。他們是否能幫忙完成這些不見的句子，對想要逃亡的奴隸提供寶貴的忠告？預先準備好這份報導對第一堂戲劇課是很重要的。

又有兩名奴隸自由了！

地下鐵道組織協助他們逃亡。

兩名年輕的奴隸昨晚越過俄亥俄河重獲自由。

他們的名字是克拉拉和傑克。

他們對任何想要追隨他們腳步的人提出以下建議。

避免靠近城鎮和農地，因為你不要被

不要在旅途中偷任何東西，因為

只在夜間旅行，因為

最重要的是，一起行動因

將你的東西給

照顧

圖 1.5　報紙報導克拉拉和傑克逃亡的消息

故事：好心的克拉拉與自由之被
戲劇：第一課

主要的道德概念
- 同心協力
- 團體責任

戲劇學習目標
在本堂課結束時，孩子們將已經：
- 在課堂中的多數時候，能維持住角色並推展戲劇
- 經由謹慎節制地運用動作和聲音，幫忙維持住戲劇的張力和氛圍

資源
將圖 1.5 複寫成大字報，必須包含克拉拉建議事項的完整內容。
一到兩支手電筒。
簡單的服裝配件，像是給瑞秋姨用的披巾，和給監工的帽子或棍子。
為小屋成員編組用的地墊。

活動流程	備註
1. 暖身遊戲。將地墊分置於禮堂四周。孩子們在空間中移動，而在您喊「到你的小屋」時，他們必須五人一組互相環抱，站在地墊上。目標是避免成為最後完成的一組。在兩、三輪之後，指定每一個小組必須包含至少兩名女孩或兩名男孩。在遊戲最後，告訴孩子在同一張地墊上的人即是接下來戲劇活動中的小屋成員。為每一組編號。	這裡的目的在將孩子們的能力和性別打散，讓他們能在整齣戲劇中，與平常自己不會自願同組的孩子共事。您可能需要根據您班上男孩、女孩的人數來調整遊戲規則。
2. 讓孩子們圍坐在教師的椅子旁邊，接著拿出服裝配件，邀請他們猜想這些配件所代表的角色。仔細地觀看從書中所選出的插圖，討論奴隸在荷姆莊園上必須做的工作。將這些工作分派給孩子，並且將活動空間劃分成數個區域，像是家務區、農務區。您也可以指出瑞秋姨的小屋位在空間中的什麼地方。	也應該提醒孩子們在語文時段完成的工作，即探討荷姆莊園的生活和今天的生活有何不同。孩子們尤其要記得，當年沒有什麼農耕機具，所有僕役的工作必須由奴隸以雙手來完成。
3. 孩子們移動至各自的區域，並且在空間中摹擬他們被分配到的工作。您敘述天氣是多麼炎熱，而監工又是如何經常巡視奴隸們是否認真工作、檢查他們的工作成果。入戲扮演監工，四處走動，詢問他們工作上的事，並且督促他們再努力些。	扮演監工時，用尖刻的語調說話，就事論事，而非具攻擊性。您可以提及明天在大宅裡將有一場宴會，而且女主人力求一切盡善盡美。
4. 敘述奴隸們在結束一天的工作回到小屋時總是多麼的累，他們又是如何經常躺著看窗外的北極星，想著	

克拉拉和傑克。將燈光調暗，將手電筒的光投射至牆上，代表北極星。運用**想法循跡**，讓一些孩子們在角色中，表達他們的想法。	一些孩子可能需要您提問來引導他們作答。
5. **入戲**扮演瑞秋姨，輪流給每一間小屋暗號——給三號小屋三聲貓頭鷹叫聲或燈閃三下；四號小屋四聲貓頭鷹叫聲或燈閃四下；依此類推。在收到暗號時，孩子們盡可能輕巧地往瑞秋姨的小屋移動。他們坐下來，這樣所有人才能看到在他們面前展開的「被單」。壓低聲音召開**會議**，說明今晚就是奴隸的逃亡之夜。前往俄亥俄河的旅程將費時兩晚——白天時他們必須紮營／躲起來。幫助孩子們決定哪裡是最好的營地。指向營地附近的一處村莊或聚落，告訴他們，聽說那兒有一位醫生會善待逃亡的奴隸。每一位孩子必須取出一樣食物或飲料，和同一間小屋的夥伴分享。最重要的是，他們必須記得克拉拉的忠告。扮演瑞秋姨時，您並不識字——這裡是否有任何人識字呢？在孩子們仍在自己組別、尚未動身時，徵求自願者把逃亡守則唸過一遍，並且讓各個小屋熟記其中一條規定。當您輕聲地報號時，小組安靜地回到他們所屬的小屋。	讓孩子們到瑞秋姨小屋集合的遊戲應該突顯緊張感，並且要求注意力、專心和自制。 指向被單／地圖，讓孩子們確切知道應該面向哪裡。將孩子們將要走的路線標出來，訪問各個方塊的設計者，請他們分享關於該區域危險、路標等的知識。 這個部分很重要，因為醫生將是下一節課的主角。 某些班級可能需要脫離角色討論奴隸可能帶哪種食物——比方說，不會有罐頭食品！ 正如分享食物一般，分攤記住「逃亡守則」的責任，強調出團體同心協力、分工合作的好處。
6. 孩子們回到小屋之後，告訴他們每個人可以隨身帶一小件私人物品，	

他們不用告訴別人那是什麼東西。接著，每一組把逃亡的歷程**演出來**。	瑞秋姨可以給暗號以協調安排逃亡行動。
7. 以一個瑞秋姨在大家逃亡後凝望的**雕塑畫面**結束本節課。進行**想法循跡**，設想此刻在她心中可能閃過的問題。	一個孩子可以自願被雕塑成各種形態，直到有了定案。讓兩個孩子分別用手電筒在牆上創造出北極星閃爍的畫面。
評量標準 孩子們在他們各自的小組中是否善盡其責？ 他們能在戲劇活動中從頭到尾都維持住角色和氛圍嗎？	

 語文目標和相關活動

孩子們應該被教導： *故事和詩歌*	*源自本齣戲的例子*
寫作	
13. 根據故事計畫，寫作較長的故事篇章；	以第一人稱寫逃亡故事的第一章，總共有三章。這一章的計畫包含了：簡短的自傳、在荷姆莊園的生活、與瑞秋姨的會面、逃亡經歷記述。
14. 寫作詩歌，實驗不同的風格和結構，討論某種形式是否較他種更加適合，為什麼；	運用瑞秋姨凝望北極星時的想法作為基礎，創作一首題為「希望之星」的詩。討論並探討將它寫成有形詩[9]的可能性。

討論／圓圈時間

1. 孩子們是否能從日常生活中舉例說明團體共同遵守規定、團結合作、彼此信賴的重要性？（體育競賽是很好的例子；可

9　譯註：有形詩（shape poem）即具象詩、空間詩或圖案詩，詩的書寫排版必須與詩意相符。

以從學生或社區生活的其他面向挖掘）

2. 孩子們覺得為什麼奴隸的主人不讓他們學習讀書和寫字？無法讀書和寫字會讓人們不能做哪些事？

3. 孩子們在戲劇中所選擇的隨身物品是什麼特別的東西嗎？對擁有者而言，這類隨身帶著的東西具有什麼樣的價值？

故事：好心的克拉拉與自由之被

戲劇：第二課

主要的道德概念

- 權利和責任
- 平等和不平等
- 正義與公平

戲劇學習目標

在本堂課結束時，孩子們應該已經：

- 經由持久的角色扮演，面臨並且解決一個錯綜複雜的道德困境
- 以短劇的形式呈現一種可能的解決之道

資源

服裝、給醫生用的帽子／醫師包

活動流程	備註
1. 視情形，以一個暖身遊戲開始本節課。重述截至目前為止的戲劇情節，讓孩子們回想逃亡者要在哪兒第一次紮營。	孩子們很可能需要您的協助，以記起每間小屋必須記下的逃亡守則。在這裡也必須強調奴隸們身無分文的事實。
2. 指向被單，談談奴隸在他們第一晚旅行可能面臨的危險。讓孩子們在小組中創造並展示一個**靜像畫面**，描繪奴隸遇到的一項危險，以及他們如何同心協力克服了它。	這些危險可能潛在於沼澤或是人口聚集的村莊。對後續戲劇同樣重要的是，孩子們知道離他們營地最近的住處位在哪兒。

3. 選出其中一組，請全班試著將他們的靜像畫面改變，以表現出如果沒有避開危險時可能發生的事。這個團體之前是如何幫助他們的朋友紮營的？請孩子們想像這群人是不幸的，而且這也是確實發生的事。奴隸們可以從哪兒獲得幫助？

對接下來戲劇重要的是，在這兒選出一組，他們所遭遇的危險僅導致傷害而非死亡。

孩子們應該記得瑞秋姨跟他們提過的醫生，他可能會善待逃亡的奴隸，而且就住在附近。

4. 讓孩子們圍坐一圈，場景設定在逃亡奴隸尋求醫生的援助。讓孩子們決定有多少人要去醫生的診所。在圓圈中以**教師入戲**扮演醫生的方式，演出這個場景。孩子們到您的診間。您同意檢查傷患，並且要奴隸們把傷者帶到這兒來。您知道他們是逃亡的奴隸。您說他們可以全數藏身在您的穀倉中，如此一來，他們白天的時候就會很安全。

在這裡以模稜兩可的方式扮演醫生的角色，並且建立緊張感——讓孩子們明白您知道他們是逃亡的奴隸，並且在答應幫助他們前有所遲疑。強調天很快就要亮了，如果他們不趕緊上路，就會被發現。或許您正等著警長來訪，這迫使他們必須等候您的暗號，才將受傷的同伴帶進來。

5. **敘述**「奴隸全部回到穀倉等著。但不久之後，醫生獨自進來看他們。」**入戲**告訴他們，您已經治療了他們的朋友，他現在沒事了，但仍需要休息，而兩、三天內，您將會帶他回荷姆莊園。這是您可以獲得醫療費用的唯一方式。這個奴隸用自由來換取他的健康，似乎是個公平的交易。與孩子們辯論，但堅持您的立場。

醫生之言所投下的震撼彈應該在孩子們之間引發許多討論。一些孩子可能會提供他們的隨身寶貝——但它們對您而言並沒有任何價值。一些孩子可能自願取代傷者這一行人的職務，這時您可以反問他們有多強壯和認真工作。受傷的奴隸當然也可能拖慢同行夥伴的速度。而雖然您已將他們從警長手中救過一次，但您不會再這麼做了等等。

6. 中斷戲劇，與孩子們討論現在開放給逃亡者的幾個選擇。其中一些可以經由**論壇劇場**來探討，或者將不

在達成解決方法之前中斷戲劇，容許孩子們自行探討並決定戲劇的結局。提醒他們參考逃亡守則的內容。如果

同的選項由各組以**短劇**形式表演、描繪出來。	他們以短劇形式呈現想法，提供明確的結構性指導原則，如：長度不超過三十秒。
7. 以緊張懸疑結束本節課——他們究竟會發生什麼事呢？我們下次上課時就會知道，也會知道這些奴隸是否逃亡成功。	各組的作品可能出現大同小異的情形，倘若如此，您可以針對不同組所呈現的具體細節，來預告下一課堂的內容。

評量標準

孩子們是否認真地經由角色扮演來處理困境？

他們在角色中用什麼論點來反駁醫生？

他們認為對逃亡者而言，什麼行動是恰當的？

語文時段／英語時段

寫下逃亡故事的第二章。您可以要求一些孩子將本週戲劇的某個段落詳細地敘述出來，致力掌握緊張的氛圍，而非僅是單純地陳述事件。

討論／圓圈時間

1. 討論奴隸們在戲劇中遭遇什麼樣的困境，以及他們選擇採取什麼樣的行動。他們這麼做對嗎？有沒有其他的選擇呢？

2. 孩子們可以談談某次他們受傷了而旁人提供協助的經驗嗎？

3. 孩子們對醫生的行為有什麼看法？將他所說、所做的好事和壞事分別列出來。他們覺得為什麼他會這麼做？列出他們覺得一位好醫生的條件。

4. 孩子們覺得有哪些服務是每個人都有權免費享有的？為什麼？用來支付他們醫師[10]和老師的錢是從哪裡來的？

故事：好心的克拉拉與自由之被
戲劇：第三課

主要的道德概念
- 信任與忠誠
- 同心協力

戲劇學習目標
在本堂課結束時，孩子們將已經：
- 創造靜像畫面來傳達情感、緊張，以及故事的意義
- 再次運用角色來探討道德困境
- 綜合運用即興和有計畫的戲劇創作，試著解決戲劇的問題

資源
被單、給奴隸穿戴的舊披巾、巡邏兵穿戴的帽子和「槍」（一根棍棒）

活動流程	備註
1. 視情況選擇一個暖身遊戲，然後回溯上一堂課的內容。一起檢討有哪些規定被遵守或違反了。	
2. 仔細看著被單以及奴隸們在逃亡第二晚也就是最後一晚的旅程。談談他們在遇到醫生之後，現在可能面臨的新威脅。	特別談談巡邏兵可能尋找他們的區域。現在警長是不是更可能知道他們的下落了？

---

10 譯註：英國的國民醫療保健系統（NHS, National Health Service）於1948年開始施行，宗旨是為所有的人提供平等的健康服務，不論其年齡、性別、職業和種族。該項服務屬於免費服務。

3. 孩子們依先前的小屋分組，展示一個**靜像畫面**，來描繪他們差一點就要被巡邏兵抓到了。這個畫面旨在說明地點（是在被單的何處發生的？）和緊張局面（肢體和臉部的表情）。每一組中有一位孩子擔任巡邏兵。	展示這些畫面，並就這些畫面提出問題——我們如何能夠分辨這是哪裡？你認為某某人正在想什麼？我們如何從她的身體／臉部得知呢？等等。
4. 選出其中一組的畫面，請該組孩子維持靜像，而您自己來扮演警長。修改這個畫面，讓警長看著其中一位奴隸，**入戲**說：「我已經知道你們躲在哪兒了，現在給我慢慢出來，到這塊空地的中央。到天亮以前，你們哪兒都別去。然後我們會回到荷姆莊園。別試著做傻事，我已經夠緊張的了。」	您可以讓這些台詞適應特定畫面的地理特徵——這些奴隸可能在樹林裡或墓園等等。您也可以不經意說溜某些台詞，讓孩子們稍後有開發的空間，像是您很怕黑、怕鬼等等。
5. 將孩子們集合起來，並且讓這一組孩子坐在您的身邊。「讓我們假設，當所有的逃亡者當天夜裡稍晚在船邊集合時，有一組人遲遲沒有現身。他們當中有一人不小心掉進了俄亥俄河。」您先從這組中選出一位自願者，接著**入戲**扮演一位奴隸，召開**會議**。首先問這個孩子發生了什麼事。奴隸們必須抉擇：要馬上逃走，還是要試著去救他們的夥伴。	不管孩子們迸出什麼營救他們朋友的點子，您都堅持救人的點子一點意義都沒有，因為那一定會造成人員損失。強調機警的必要性，並且只有當您覺得這件事的難處、可能和選擇都充分表達時，才結束這次會議。
6. 在空地中做出被捕小組的畫面。他們是如此接近俄亥俄河，但卻又離自由如此遙遠。他們可以聽到淙淙	

的流水聲好像對他們低語——說些什麼呢？**雕塑**這個畫面，畫面中俘虜仰望著北極星。班上其他孩子接著輕輕地創作**聲音拼貼**。接著您可以對畫面中代表奴隸的孩子們進行**想法循跡**。	您也可以創造一個瑞秋姨的**平行畫面**，她從睡夢中醒來，同樣凝視著北極星。
7. 孩子們現在按小屋組別決定他們的行動路線。一次聽取一個小組的計畫，然後說明這些計畫將會一一接受考驗。請每一組預演計畫中開頭的步驟。	如果有任何的組別決定先走且試著自行逃亡，您仍然可以在下一個活動中扮演警長，在岸邊守著，讓他們無法輕易成行。
8. 劃出表演區域，並且讓孩子們在它的周圍坐下。**教師入戲**扮演警長，而每一組輪流嘗試逃跑。某些組別可能成功，而另一些則失敗了。	這是**論壇劇場**的一種類型。您需要根據孩子們給您的刺激，即興表演出您的反應。在各回嘗試之間，鼓勵孩子們經由討論，了解成功或失敗的原因。
9. 最後一個活動——逃亡成功的各組奴隸在俄亥俄河對岸重新集合。現在到了他們各奔東西的時刻了。他們彼此會說些什麼告別的話？您**敘述**在往後的日子裡，不管是獨處或是和朋友相聚的時刻，他們只要望見北極星，就會想起他們逃亡與倖存的經歷、未能活過來的朋友，以及背對著荷姆莊園、拿著被單、仰望北極星微笑的瑞秋姨。創作這樣的畫面，結束這節戲劇。	您可以讓孩子們輪流說，或者請孩子們彼此互道珍重。

評量標準

孩子們在活動 3 和活動 6 中創造的畫面，是否有效地傳達情感和緊張？
他們在活動 5 中是否有效地探究困境？
孩子們在活動 8 中和入戲教師間的即興演出，表現如何？

語文時段／英文時段

孩子們寫逃亡故事的最後一個章節。

討論／圓圈時間

1. 孩子們能從日常生活中舉出自己曾拖累某個朋友的例子嗎？
   或者他們曾被朋友拖累？
2. 請孩子們幫助您列出在這齣奴隸逃亡的戲劇中，不同人所做
   的好事和壞事。討論為什麼他們覺得好或壞。

資料來源：

由 Kevin Crossley-Holland 彙編的《英國民間故事》（*British Folk Ta-les*），1987 年由倫敦 Orchard Books 出版。

社會與道德主題	
友誼 • 霸凌 **規定** • 指責、內疚和歉疚 • 意圖和責任 • 正義與公平 **財產與權力** • 公平與不公平 • 財產所有權	**尊重差異** • 尊重種族與文化的差異 • 尊重並且關心他人 • 同情不同處境的人 • 性別角色 **群體與環境** • 歸屬感與沒有歸屬感

故事

　　《海女》故事有許多不同的版本，有時也被稱為《海豹妻子》或《海豹新娘》。這些故事源於（不列顛群島）北方的居爾特島，述說著有一群平素生活於海中的海豹能褪下皮毛，以人的形貌在陸地上活動。他們居住在一個臨界區域，既屬於海洋，也屬於陸地。但如果故事發生在陸地認同較強的漁村，那麼這群海豹人便是他們的鏡像，有著更為鮮明的海洋特質。

在我所採用由 Kevin Crossley-Holland 重述的故事版本中，一個孤獨的漁夫趁著海豹人在月光下跳舞時，取得了他們其中一位年輕美麗女子的皮毛。女子懇求漁夫將皮毛還給她，讓她能與海中的家人團圓。但漁夫拒絕了她的請求，把她帶回自己的小屋，並且將皮毛藏在鄰近原野的一處乾草堆中。海女別無選擇，只能待在漁夫身邊，最後嫁給他，並且和他生了一個女孩和兩個男孩。這三個孩子看起來與其他孩子並沒有什麼兩樣，除了他們都有著像母親一般的眼睛——張得很開、像大海一樣深邃，顏色則是燧石般的灰色；他們在手指和腳趾之間還長著小小透明的蹼。海女愛她的孩子們，但人們經常看到她到岸邊的一處岩石，對著一隻靠近她、浮出水面的大海豹唱著悲傷的歌曲。有一天午后，她的孩子們在原野玩耍，無意間發現了乾草堆中的皮毛。孩子們不知道這是什麼東西，便把它拿給了母親。海女遲疑片刻，一一擁抱孩子之後，跑著離開了小屋。當她到達海邊時，將皮毛披上，便潛入了海中。一大群海豹與她會合，然後圍成圓圈、一起跳躍，最後消失在海平面下。當漁夫回到家中發現他的孩子們仍然望著大海，便要他們在家中等著。他步入海中，和浮出海面的海女進行最後一次的交談。海女告訴他，她必須回到她原本、真正的先生那兒，並且請求漁夫像她之前一樣照顧他們的孩子，最後潛入海中，永遠地消失了。

為何選擇這個故事？

- Crossley-Holland 的版本以非常優美的方式來敘述這個故事，偏遠漁村聚落那嚴酷、寒冷和惡劣的生活躍然眼前。同時，他的語言富於詩意，敘事精簡。
- 這個故事中魔法和神祕的特質相當吸引這個年齡層的孩子，他們經常因為故事中縈繞的憂傷以及模稜兩可的結局而深受

感動。

- 在故事中，一名男性侵犯了一位女性的自由。她在一個永遠也體會不到歸屬感的文化中生存，而當有選擇的機會時，她選擇離開她的孩子，以忠於自我。這個故事因此象徵性地與性別關係中，諸如差異、認同、選擇和權力等議題產生共鳴，也和許多孩子的生活息息相關。將這些議題置於神話脈絡中，為虛構性加添了一種額外的、保護性的特質。
- 這個故事在西方或其他文化中有許多其他的版本可資比較。

戲劇

　　戲劇活動分成三個清楚的段落。前兩個段落探討從故事本身浮現的議題。第三個段落包含兩節課，創造了一個新的故事，即原始故事可能的續集。第二、第三個段落最好能夠在禮堂實施，不過它們也已被成功改編，能在教室中教授。

1. **準備活動**：包含第一次敘述這個故事以及緊接著的活動，非常容易在多數教室中施行，也非常容易劃入語文時段中實施。
2. **探索故事的象徵性 （戲劇一）**。（約需一小時）這個部分將導向一次全班性的表演，這個演出可以發展成班會的一部分。
3. **故事續集（戲劇二和戲劇三）**。以兩節課的形式進行，每一節課長約六十到七十五分鐘。

為何進行這齣戲劇？

- 前兩節課將幫助孩子在藝術和象徵的保護傘下，接觸這個有時令人傷感的故事內容。唯有經由這樣的方法，才能開掘這個故事的道德面向。

- 它容許孩子們探索符號與象徵性的種種可能，特別是第二節課的活動。

- 這個故事讓人忍不住臆想可能的未來，這種「如果……會如何？」的局面總為戲劇提供很好的發展空間。故事探討的其中一個議題是文化差異，就象徵意義而言，海女的孩子們（海童）在種族上也是與眾不同的。因此，如果在海女離開之後，國王在島上執行種族淨化，會發生什麼事？這對海童會有什麼影響，島上其他的孩子又會做何反應？這個戲劇能探討這些和我們當代世界息息相關的議題，卻未言及特定的種族或人種。

課程時間表提案：三至四週

第一週	第二週	第三週	第四週
故事 戲劇準備活動 戲劇：第一課 討論 語文時段 額外的英文時段 圓圈時間	戲劇：第二課 延伸寫作 討論 語文時段 額外的英文時段 圓圈時間	戲劇：第三課 延伸寫作 討論 語文時段 額外的英文時段 圓圈時間	總結寫作（倘若有此需要） 額外的英文時段

第一週

第一週的活動依下列順序進行：

1. 戲劇準備活動。

2. 戲劇：第一課。

3. 國定語文政策目標與相關活動。

4. 討論／圓圈時間的主題。

戲劇準備活動

這些活動可用一節課或是分散於二到三節語文課中來進行。

活動	備註
主要的道德概念： • 同情不同處境的人 • 權力、公平與性別角色	
將孩子們集合，口頭敘說這個故事。	此處重點是口述而非朗讀這個故事。不要默記，而是運用一些關鍵的句子和意象，同時讓您故事的調性和原始故事相仿。
與全班一起列出故事中十個關鍵的時點，作為任何想重述這個故事的人的提示。將以上內容清楚展示，接著選出五個孩子或徵求五名自願者來擔任講故事的人。將其餘孩子平均分成五組，並且分派各組一名講故事的人。當講故事的人說故事時，其他的孩子要同時將故事**演出來**。如果講故事的人願意的話，可以即興增加一些細節，但必須仍然忠於原始的情節。	說故事和即興有很多種不同的方式。這是相對而言較複雜的一種方法，只有在孩子們曾經有過類似的、由教師引導的經驗才可能行得通。參見附錄二關於使用**故事棒**的註釋。
請孩子們思考對海女而言，何時可能是最糟的時刻。五人一組，創作它的**靜像畫面**，清楚展示對她來說，這為何以及如何是極糟的時刻。詢問每一個畫面，將孩子們的注意力集中於解釋畫面如何示意了這是個很糟的時刻。	一般而言，孩子們可能有四或五種答案，您可以在事前先和全班討論過，再將這些答案分配給各組。

故事：海女
戲劇：第一課

主要的道德概念
- 歸屬感和沒有歸屬感
- 意圖與責任
- 指責、內疚和歉疚

戲劇學習目標
在本堂課結束時，孩子們將已經：
- 以網狀布料為素材創作，使之在視覺和象徵意義上切合故事題旨
- 創作並完成一齣簡單的全班性表演

資源
五條兩公尺長的黑色紗網；一條兩公尺長的白色紗網。

緩慢的情調音樂，如：恩雅、Clannad 樂團，或居爾特豎琴表演大師 Alan Stivell 的音樂。

活動流程	備註
1. 以一個動作的遊戲開始本節課。孩子們自由地在空間中走動，而在聽到信號時，做出宛若島嶼沿海地區岩石般陡峭、尖突的形狀，同時靜止不動。可以請孩子在每一次靜止時變化他們的高度和形狀。	如果能在事前展示蘇格蘭地區海岸線的圖片，並且描述／討論當地的地貌特徵，將會有助於孩子們完成本活動。
2. 讓孩子們圍坐一圈，把一張黑色的紗網放在中央。問孩子們這可能代表故事中的什麼東西。孩子們可能答毛皮或是漁夫的漁網。接著鼓勵他們在二者之間建立象徵性的聯結。邀請孩子們起身嘗試，探索如何表現網子象徵性的意義，如：我們如何表現毛皮轉變成了漁夫用來	您可以藉由引導孩子們思考漁夫通常如何捕魚（握住網子的一頭），以及他如何抓住海女（握住她的毛皮），來提供協助。

困住海女的網子。	
3. 讓孩子們五人一組把玩紗網，並且創作一個象徵性的畫面。	讓孩子們把玩一會兒是必要的，尤其是當孩子們並不習慣運用布料時。
4. 看看各組的成果，鼓勵孩子做出正面的批評。然後給他們看看白色的網子，問：這讓他們想起了什麼（新娘頭紗）。問孩子們為何新娘頭紗是漁夫困住海女的另一種方式。引導孩子們注意到黑紗（葬禮）與白紗（婚禮）的差異，問他們為何黑紗可能符合海女在婚禮當天的感覺。請各組運用紗網來創作一段簡短的海女婚禮動態畫面，並且試著如何將這個畫面轉變為他們在活動 3 所創作的畫面。	新娘頭紗以及顏色所代表的意義具有文化特定性，所以您在問這些問題時，當然必須考量班上孩子在族群和文化背景上的差異。然而，這是一個西方的故事，所以鼓勵孩子運用這些象徵概念來創作是站得住腳的。
	鼓勵並讚美孩子們經由運用姿態和面部表情，使畫面清楚傳達出意念。鼓勵孩子們有效組織動作並加以練習，動作愈精簡愈好。
5. 向孩子們介紹您所選擇的音樂。請他們想想您為何會選用這音樂作為他們作品的配樂。請孩子們因應音樂的速度和情感而調整動作。他們也需要找一種方式來進到一開始的畫面。當孩子們充分練習後，先讓所有組別同時**表演**一次，再配上音樂，讓各組單獨呈現。	很重要的是您所選的音樂符合這故事的場景和調性——緩慢的、悲傷的、居爾特樂風的。
	您可以將全班分成兩半，讓他們輪流觀看另一半同學的作品，並且選出他們特別喜愛的片段。
6. 在黑板或掛圖上畫兩個欄位，分別標上「你應該」與「你不應該」。讓孩子們在這兩個欄位下，列出當漁夫在故事結尾站在浪花中時可能悔悟的事。例如：「你應該放她自由」或者「你不應該拿走她的毛皮」。	您可以藉由簡短地討論故事結局來切入這個活動。故事中不同的人為什麼不快樂？孩子們覺得故事中最應該負起這個責任的是誰？

7. 請孩子們想想漁夫的這個畫面，徵求一位自願者，將他**雕塑**成漁夫站在浪花中的姿態。其他孩子繞著他圍坐，輕柔地發出風聲與海潮聲，完成**聲音拼貼**。設想漁夫覺得他在海潮中聽到了一些聲音。讓全班一半的孩子從「你應該」的欄位中挑選台詞（譯註：選擇不必一致），另一半孩子則從「你不應該」的欄位中挑選。讓孩子們重做這個畫面，並且在聲音拼貼中，不時穿插這些輕柔但清楚低語的句子。	除非孩子們已經習慣這類創作，否則他們需要您的協助來探索發出這些聲響的可能方式。如果您擔任聲音拼貼的「指揮」，尤其是就音量部分給予指示，將對孩子們的呈現有所幫助。
8. 您可以將這個畫面附加於活動5中表演作品的前頭，讓孩子們再表演一次，結束本節課。	

評量標準

孩子們明白如何用紗網來創造象徵性的意象嗎？

他們所創造出的意象是否明確並且富於表現力？這些意象是否具有情感渲染力？

孩子們在活動6中的提議，是否反映出他們對漁夫在通篇故事中所做各項決定造成的道德衝擊給予正確的評價？

 語文目標和相關活動

孩子們應該被教導： *故事與詩歌*	*「海女」第一週課程中的例子*
閱讀理解	
1. 將神話、傳說和寓言故事的特徵予以識別、分類，如：寓言故事中的道德教訓、傳說裡想像出來的野獸；	將這則故事包含在您這學期的分類表格中，如：將「海豹人」劃歸在能幻化人形的動物、半人半獸的生物等等。

2. 研究同一個故事的各種版本,識別出其中的異同之處,辨認故事如何因為時代變遷、文化和地點的差異而有所改變;	比較這個作品和以下作品的異同: • 其他的版本,如:Shirley Hughes《圍爐故事》中的〈人魚新娘〉; • 其他文化的版本,如 Maria Tatar 編輯之《經典童話故事》中的〈天鵝少女〉。 先朗讀 Berlie Docherty 的〈大海的女兒〉,再討論兩個故事在場景和主題上的相似之處。
3. 探究口傳故事與故事書之間的異同之處;	孩子們討論故事書和您所說的故事有何不同。您包含了哪些句子／細節?您改動或捨棄了哪些部分?您是否用了什麼策略來記住故事,並且將它流暢地說出來?
5. 用各種方式表演詩歌;	孩子們根據上述第一堂戲劇課的作品來創作詩。試著將本堂課的視覺與聲音意象,運用在小組呈現這些詩作上。討論它們的表演效力。
8. 區辨作者和敘述者的不同,研究敘事觀點、對不同人物(如:小人物、英雄、壞人)的處理,以及不同人物看待情節的觀點;	孩子們在戲劇準備活動中創作靜像畫面。 戲劇第一課的最後一個畫面探討漁夫的觀點。
14. 註記故事大綱,為口頭說故事做準備;	如戲劇準備工作第二個活動所做的。

討論／圓圈時間

1. 在故事當中,何時我們會為海女感到難過?為什麼?

2. 從什麼方面而言,海女變成了漁夫的所有物?從什麼方面而言,海女從來都不屬於漁夫所有?她到底屬於哪裡?

3. 你覺得自己屬於什麼地方或某個特定的團體嗎?你在何時何地會有最強烈的感受?

4. 故事結尾，誰是不快樂的？你覺得漁夫在抓到海女時，曾想到故事會導向這樣的結局嗎？你覺得誰最該為故事的不愉快結局受到責難，海女或者漁夫？為什麼？

5. 我們所謂的「自私」是什麼意思？即使無心傷害他人，我們的自私可能使他人不快樂嗎？

 第二週

故事：海女
戲劇：第二課

主要的道德概念
- 偏見與歧視
- 關懷他人

戲劇學習目標
在本堂課結束時，孩子們將已經：
- 維持住角色，並且對維繫戲劇張力有所貢獻
- 就故事情節的發展進行思考並提供意見
- 運用並且感受說服性的語言

資源
枴杖、裝有錢幣的小皮囊

活動流程	備註
1. **暖身**。請孩子們盡可能安靜地在空間中爬行，而在你給信號時靜止不動。向他們說明這將會是今天故事的一部分。	
2. 讓孩子們圍坐成半圓形，然後重述海女故事的尾聲部分。說明您將會和他們一起創作一齣戲劇，探究一年之後在島上發生的事。	和孩子們約定好戲劇規則、控制策略、教師入戲等。

活動流程	備註
3. 告訴全班大家將要想像在這座島上有一間小學校，而島上所有的孩子都在那兒就讀。漁夫的小屋獨自位在島的一端，而學校位在島的另一端，從漁夫家步行約需三十分鐘。說明你們接著要看一段新故事的**預告**。場景是學校的禮堂。徵求四名自願者站在前面，伸出雙手、直視前方。您**入戲**靜靜地檢查他們的雙手、雙眼，然後讓他們離開。您脫離角色之後，請全班試著解釋這個畫面。	預告是一種使孩子們產生興趣的方式。它必須是含糊隱晦的，如此在這個階段，您和孩子們在畫面中的角色才能保有詮釋的開放性。然而，孩子們應該很快就辨識出某個人正在尋找海童，而且在下一個活動真的戲劇開始之前，推敲出這人是誰以及為什麼。
4. 您**入戲**扮演陸地國王的使臣，而孩子們入戲扮演島嶼上的兒童。告訴他們您是誰，以及您負有國王派遣的使命。國王對近日的一些消息感到煩心——在他的子民當中，有一些孩子的母親是來自大海的奇怪生物。這些孩子的眼睛有著怪異的顏色，手指和腳趾上也長著蹼。您已經檢查過這裡的每一個人，但孩子們能否告訴您是否以及哪裡可以找到這些「海童」？國王將會獎賞提供協助的人。給他們看袋子裡的錢幣，再單獨問一、兩位孩子。最後承認您知道在島上有三位這樣的孩子，而且您已經讓士兵駐紮在海濱，他們明天會從拂曉開始挨家挨戶地搜查。	將國王使臣扮演成毋須藉由提高聲音來行使權力且孩子們不會信任的樣子。當被問及國王對海童有什麼盤算時，您必須閃爍其詞——他們必須被移到某個安全但不尋常的地方等。藉著您質問個別孩子時，一次僅透露一點您所知的事，來營造戲劇張力。如果有任何孩子同意「告發」海童，就嚴密地訊問他們——也許他們可以說服海童明天早上不懷戒心地一起前來？或者您可以從他們那兒得知海童住處後，便拒絕他們的幫助，告訴他們既然您已經知道到哪兒找海童，現在已經不需要他們的幫忙了。

5. 脫離角色，討論發生了什麼事。我們信任國王的使臣嗎？為什麼不信任？我們不喜歡他的什麼部分？推敲為什麼陸地的國王想要圍捕他境內的海童。他可能對他們做什麼事？現在島上的孩子們有哪些選擇？他們不可能攻擊士兵，但他們可以試著警告他們的朋友，而且可能的話，幫助他們。

像這樣的討論時間是重要的，因為它給予孩子們思考發生了什麼事，及其可能意涵的空間。它也容許了決定要背叛海童的孩子們在自己和所扮演角色的行為之間保持一些距離。
到天亮才搜索海童的安排，當然是一種給予孩子們空間的方式，他們因此得以試圖傳遞警告——並且展開冒險。

6. 將孩子們分成三人一組，請他們自己編上一、二、三的號碼。您任選一個號碼，由代表這號碼的孩童扮演熬夜補網的漁夫。他並不知道國王的人馬已經來到島上。您接著**敘述**兩個孩子從村莊到漁夫小屋警告海童的旅程（同時間，另兩個孩子按敘述做出動作）。在最後一刻，他們發出了聲響而被漁夫逮到，漁夫要他們說明來意。

這個活動，您需要一個像是禮堂的大空間。孩子們必須與同組內的漁夫離得愈遠愈好。壓低聲音敘述這段旅程，營造氣氛並且加上所有細節——為了避免被守衛的士兵發現，他們如何在半夜爬出臥房的窗子，沿著街道的陰影爬行等。

7. 孩子們坐在漁夫座椅的前方。他們的任務是使漁夫相信，他的孩子們真的處於危險之中。然而，漁夫多疑而沒有被說服的跡象。讓這個**角色扮演**持續幾分鐘——各組不一定要達成決議。

在說明這個活動時，請孩子們想想漁夫多疑的可能原因——或許他的孩子曾在學校遭受欺負，所以他覺得這是個詭計。

8. 請扮演漁夫的孩子們出列，坐在您的前方，而漁夫身後是想要說服他的兩個孩子。簡短地輪流**詢問**每一位漁夫他的決定或可能的盤算。問他為什麼覺得這兩個孩子有說服力

這給孩子們一個機會，想想要如何面對大人，尤其是當他們想要讓自己的論點被大人聽進去時，應該如何表達。

或無法令人信服。討論現在有哪些方法可以救海童。	

評量標準

孩子們在活動 4 如何回應入戲扮演國王使臣的教師？

他們在活動 4 和活動 8 中有關推展情節的想法是否言之成理／有幫助？

他們在活動 7 中是否善盡自己角色的職責？

 語文目標和相關活動

孩子們應該被教導： *故事與詩歌*	*第二週課程的例子*
寫作 11. 運用閱讀時所辨識出的結構和主題，將傳奇故事、神話和寓言以自己的方式來書寫；	孩子們開始寫作自己版本的〈海童〉，留心清楚地交代場景。探索故事可能的開頭，以及能從何種觀點來敘說。
13. 檢閱、編輯作品以至定稿，符合某個特定讀者的需求；	孩子們從頭開始寫這個故事，讓它能夠吸引同齡或更年幼的孩子。故事完成時，把它交給另一班的孩子，由這孩子寫下簡短書評後，再交還給原作者。

討論／圓圈時間

1. 我們覺得國王想要清除海童的理由是什麼？我們可以如何反駁這些理由？

2. 為什麼說服漁夫你所說的故事的真實性是重要的？你是否曾告訴一位成人真相而他們卻不願意相信你？為什麼他們不願意相信？我們如何能讓成人傾聽我們說的話並且嚴肅以待？

第三週

故事：海女
戲劇：第三課

主要的道德概念
- 尊重種族與文化差異
- 霸凌與濫權
- 信任與忠誠

戲劇學習目標
在本堂課結束時，孩子們將已經：
- 設計並呈現一齣戲劇，重心放在透過姿態和動作來表意溝通
- 經由持久的角色扮演來表達戲劇的道德主題

資源
枴杖、裝有錢幣的小皮囊

活動流程	備註
1. **暖身**——類似上一節課的暖身活動。這次您可以要求孩子們運用流動的、輕柔的動作做出海的樣子，然後靜止成堅固的樣態。	
2. 重述截至目前為止的戲劇內容，並且提出問題——現在該怎麼辦？和孩子們討論什麼事是他們無能為力的，如：和軍隊作戰（士兵太多了），將孩子藏在房子、穀倉或洞穴中（士兵將會搜查這些地方）。告訴他們這兒的挑戰是運用他們的頭腦騙過士兵，而非用武力和他們對決。	在這兒，孩子們的挑戰是在顯而易見的解決方法之外設想不同的可能。有時，他們決定去拜訪海女，取得海豹皮，讓海童和她生活一陣子，直到安全為止。

3. 將孩子們分成五人一組,讓他們決定救海童的方法,並且將他們的想法**演出來**。	孩子們一旦同意了某個可能的想法,就讓他們起身付諸行動。
4. 數分鐘後,當孩子們的概念成形,讓各組發展成一齣**短劇**。您可以要求孩子們以第一節課的肢體活動為基礎,用**摹擬**的形式來演出。這意味著情節和動作都必須非常清楚易懂。然而,不用**摹擬**說話的樣子——在演出當中,必要的時候可以說話。接著,請孩子表演。	摹擬的表現方式很適合用於此處。因為對這個年齡層的孩子而言,海童脫逃可能需要更多肢體而非口語的行動。當表演完成時,鼓勵其他孩子就意義是否清楚明確提供意見。誘導孩子們說讚美的話,尤其是針對好點子,以及在摹擬、動作和表情上富於技巧的例子。
5. 從方才的戲劇中達成海童是如何脫逃的共識。說明國王的使臣非常憤怒,他把漁夫抓來訊問。徵求一位自願者將漁夫**雕塑**成陷坐在椅子上、很明顯受到嚴刑拷問的畫面。請孩子們詮釋他們看到了什麼。	您也可以親自來呈現這個畫面,並且低聲說:「你對我做什麼都沒用——你永遠也找不到他們的。」
6. 一如本戲開始,島嶼的孩子們再次在學校禮堂聚集。**教師入戲**扮演使臣,手指向漁夫——就是他觸怒了國王。您和士兵很快就會離開這個島嶼。您明白海童已經逃跑了,但有件事您不明白——島嶼上的孩子為什麼要幫助他們?您可以理解他們的父親這麼做,但您提供國王賞賜的黃金,他們卻選擇幫助一群比人類低等的孩子。為什麼?您必須向國王說明這件事——您要跟國王說什麼呢?	這是一個重要的練習。這裡您要誘導孩子們表達出這齣戲劇強調的價值觀——關於友誼、忠誠,尤其只因為海童與眾不同,便將他們貼上低等的標籤並且加以迫害,是非常不道德的。

7. 與孩子們討論這齣戲劇的意義。為什麼國王迫害海童是錯的？為什麼孩子們幫助海童是對的？請孩子們想想，當使臣向國王稟報他沒有達成任務時，會發生什麼事。	在這裡，您鼓勵孩子們仔細思考他們之前表達出的價值觀。

評量標準
孩子們在活動 4 中是否清楚地將他們的意思呈現出來？
他們在活動 6 是如何回應使臣的？
他們在最後的討論中表現出什麼樣的理解力？

討論／圓圈時間

1. 為什麼島嶼上的孩子準備幫助海童逃跑，即便他們會因此面臨危險？對朋友忠誠是什麼意思？孩子們能從自己的經驗或所知的故事中，想到任何忠誠的例子嗎？

2. 國王和他的使臣如何誤用他們的權力？暴君是什麼意思？為什麼暴政和霸凌是錯的？孩子們在戲劇最後如何勇敢面對國王的使臣？我們可以如何勇敢面對霸凌的行為？我們是否能團結一致阻止霸凌的行為，就像戲中孩子們所做的一樣？舉例說明我們在學校可以怎麼做？

六年級
馬克白

資料來源：

由 Leon Garfield 所編的《莎士比亞故事》（*Shakespeare's Stories*）中的〈馬克白〉（Macbeth），1985 年由 Gollancz 出版。

社會與道德主題	
友誼	財產和權力
• 我們欣賞的特質	• 權力和權威之間的不同
• 信任與忠誠	• 報復和正義之間的不同
規定	• 犯罪的後果
• 違法與犯錯	• 犯罪的受害者
• 指責、內疚和歉疚	• 懲罰
• 意圖和責任	• 領導者的特質

故事

　　不像本書教案的其他故事，《馬克白》是一部極為重要、知名的劇本。在這兒概述它的情節可能是多餘的，然而，這齣劇有許多針對孩子而改寫的故事版本。我推薦您唸給孩子們聽的是 Leon Garfield 的這個版本，它以簡練且充滿詩意的散文來書寫，保留了原劇陰沉邪惡的氛圍，而且所有對話都運用莎士比亞的原文。因此，這個版本在了解〈馬克白〉一劇的情節和語言方面都是極佳的入門，對這個年齡層的孩子來說，富於挑戰性但又易於理解。

為何選擇這個故事？

- 它有著權力、墮落、背信和謀殺的主題，是莎士比亞最黑暗的作品之一，但也正是故事中的這些元素，能夠吸引這個年齡層的孩子們發揮想像力。

- 這齣戲有一個清楚的道德骨架。馬克白的行為就道德而言從來不會引起歧義，但他本人似乎在那些罪行之外依然保有高尚的人格。這能幫助孩子開始思考一些錯綜的道德問題。一個好人是如何變壞的？一個人有可能做了壞事但仍然是個好人嗎？

- 權力、罪行和正義的主題伴隨著像是墮落、犯罪、報復和報應等相關概念，這些是孩子們在觀看許多電視劇時常見的主題。以下的戲劇活動，特別是圓圈／全班時間的討論，能提供孩子機會來探討它們的內涵。

戲劇

這個戲劇活動分成四節，活動的目的在吸引孩子們接觸這個劇本，並且帶領他們經由構思情節、推敲劇情來預測和討論這個故事的道德意涵，進而以各種不同的方式來構思表演並且演出。它並無意呈現孩子單一的閱讀取向──那是不可能的。然而，它確實呈現孩子一種站得住腳的解讀方式，即這是個關於馬克白道德墮落的故事。我在思考該讓孩子們集中在這個劇本的哪個面向時，選擇了那些能讓他們探索道德以及超自然元素的部分。（註：第一節課中的許多概念擷取自 1996 年 Buttonhole Press 出版之莎士比亞少年系列中，由 Sarah Gordon 和 Christopher Geelan 所著的《馬克白》小冊。）

為何進行這齣戲劇？

- 它將幫助孩子掌握本劇的情節，並且觸及劇本中一些更複雜的概念。
- 它集中在與馬克白本人最有關的情節。
- 它能幫助孩子們在一個清楚而且引發想像的情境脈絡中，探索道德特質和道德行動的概念。
- 表演的元素要求孩子們維持住氣氛和調性是可以達成的，因為它們非常強烈而明確。

課程時間表提案：五週

這個時間架構是可以調整的，但我建議戲劇課能一週進行一次，而孩子們也能在每一堂課後聆聽 Garfield 版本的片段，或者在第四節課後不久便聆聽完整的故事。您可以決定在語文時段運用這本書的段落，或者是原劇中的簡短段落。如下所示，每節戲劇課的長度約七十五至九十分鐘，而且必須在禮堂進行。本章最後會將所有活動和國定語文政策的目標對照，同時有額外的欄位說明建議活動施行的週別。許多教師遵循一週教一部作品的模式。如果您採用我在這兒所建議的語文時段活動，將需要更彈性的方法——也許每週花一小時的時間專注於《馬克白》上。如果這對您來說不可能實行或您不想這麼做，您可以在第五週時用整週的語文課時間上 Garfield 的版本，而如果必要的話，還可以加上一些寫作活動，延續至第六週。

除了朗讀 Garfield 的版本之外，您可能會發現重讀莎翁原著非常有幫助，能讓您發現本教案通篇所提及劇情細節合乎時代的意義。

第一週	第二週	第三週	第四週	第五週
戲劇：第一課 討論 寫作 額外的英語時段 圓圈時間 語文時段	戲劇：第二課 討論 寫作 額外的英語時段 圓圈時間 語文時段	戲劇：第三課 討論 寫作 額外的英語時段 圓圈時間 語文時段	戲劇：第四課 討論 寫作 閱讀故事 額外的英語時段 圓圈時間 語文時段	寫作 語文時段

故事：馬克白

第一課

主要的道德概念
- 我們欣賞的人格特質
- 領導者的特質
- 信任與忠誠

主要的戲劇學習目標
在本堂課結束時，孩子們將已經：
- 經由聲音拼貼和合唱誦詩來創造戲劇氣氛
- 開始回應劇本的某些重要主題

資源
鄧肯的皇冠、馬克白的劍、情境音樂（如：英國當代作曲家 Brian Eno 的《給電影的音樂》）、大張紙和簽字筆、遮眼用的圍巾、「信」

活動流程	備註
1. 讓孩子們圍坐一圈，並且向他們介紹這齣劇的背景。它開始於一個黑暗、暴風雨的荒野。其中一邊是大勃南森林，另一邊是蘇格蘭國王與兩個兒子梅爾康和杜納班居住的高	您可以藉著強調這是一個謀殺、不忠、黑暗和恐怖的故事，同時也是以英文寫就的最偉大劇作之一，來引發孩子們的興趣。提供一些簡單的歷史背景——它發生在很久以前的蘇格

丹新南山。三位神秘的老女人也住在那裡，而在故事開始時，她們從霧靄中現身，等待著某個人。將孩子們分成八組，分別給他們下列台詞（第一幕，第一景）中的其中一句：

> 何時姊妹再相聚？
> 是鳴雷、閃電或降雨？
> 總該戰亂見分明，
> 總該戰事輸又贏，
> 那該不待斜陽西沉。
> 在何處？
> 荒郊野外，
> 來相會馬克白。[11]

給孩子一分鐘的時間來記住台詞，然後請他們表演，就好像他們從迷霧中慢慢升起，唸台詞時則站立著。

2. 向孩子們說明我們將有機會從國王那兒得知句中指的是什麼戰爭，以及關於馬克白這個人。**教師入戲**扮演鄧肯國王，在獨白中提供關於這戰爭的必要背景，並且詳細描述「勇敢的馬克白」。

3. 脫離角色，討論孩子們已經發現馬克白的哪些事，問他們——馬克

蘭，那時蘇格蘭仍有自己的國王。每當介紹一個專有名詞時，您可以讓孩子們「帶著態度」複述一遍——用雄壯的聲音說「高丹新南山」、用令人毛骨悚然的聲音說「大勃南森林」等等。

用幽靈般的聲音唸這些台詞，並且要求孩子們以同樣的方式重複他們的句子。鼓勵他們用響亮的耳語來唸誦，以喚起氛圍。在他們表演當中，把燈光調暗並襯上音樂。

這些細節可以從劇本一開始的幾場戲中獲得，而且應該包含他的頭銜（格拉米斯的領主）、他的英勇、他高尚的情操、他對妻子的愛、他對朋友班科的忠誠、國王對他的感謝、軍隊對他的欽佩和尊敬。

您可以將這些特質記在紙上供之後參考。

---

11 譯註：劇本中譯係摘自呂健忠《馬克白：逐行注釋新譯本》，台北：書林，1999。

看來是個好人嗎？從哪些方面來說？	
4. 讓孩子四或五人一組創作**靜像畫面**，表現目前已知的馬克白特質。觀賞並討論這些畫面。	
5. 圍成一圈，告訴孩子我們將要發現為什麼這些老婦人要等候馬克白，以及她們要告訴他什麼事。選出兩位自願者扮演班科和馬克白，進入風雨大作的荒野。選三個孩子在您說這些台詞時站著：	他們可以被雕塑成薄霧降下時看來／感覺如何的樣子。
恭喜，馬克白，恭喜你， 　　格拉米斯的領主； 　　恭喜，馬克白，恭喜你， 　　考特的領主； 　　恭喜，馬克白，恭喜你， 　　未來的國王。	有力地唸出這些台詞，問孩子，他們覺得巫婆告訴馬克白什麼事。預告下一個活動將要探索馬克白聽到這些話有什麼感覺。
6. 玩變化版的**捉迷藏**遊戲。讓孩子站著圍成一圈，並且教他們「恭喜，馬克白，恭喜你，未來的國王」這句台詞。把一位自願擔任馬克白的孩子蒙上眼睛，挑出另一位自願者繞著圓圈移動，以這句台詞逗弄馬克白。馬克白必須試著抓住他，更深入地問他。遊戲結束時，問扮演馬克白的孩子有何感覺。請全班想想馬克白可能想要問這三位老婦人什麼問題。	基於安全的理由，圈中的孩子必須站著，而不是坐著。 既然孩子仍在圓圈當中，這個活動也可以用**想法循跡**的方式來進行。

7. 把到第一幕結束為止的情節以**說故事**的方式告訴孩子。（三位老婦人消失無蹤；羅斯領主帶來馬克白受封考特領主的消息；國王傳喚馬克白，感謝他並且宣布當晚要在馬克白位於伊凡尼斯的城堡過夜。）手高舉著一卷紙軸，告訴孩子這是馬克白在返家之前寫給他妻子的信。他們覺得內容是什麼？	您可以在不洩露太多情節的狀況下，鼓勵孩子們預期馬克白受到殺害國王的誘惑。 以懸疑結束本堂課，讓孩子們期待戲的後續發展。

評量標準

孩子們在活動 1 所創造並維持的氣圍是否成功？

孩子們經由靜像畫面所呈現的馬克白特質是否清楚明瞭？

孩子們是否明白馬克白在本堂課最後在想些什麼？

討論／圓圈時間

1. 列出關於馬克白我們欣賞和不欣賞的特質，接著開始「馬克白聲望調查」，要求全班以十分為滿分，為他的各項優點打分數。在每一堂課結束後，補充這張表的內容並且重新施測。每一週做一次紀錄，就其間的差異進行討論。

2. 孩子們心中有特定的英雄人物嗎，是男性還是女性？討論這些英雄人物的特質，並將它們與已羅列的馬克白特質做比較。

3. 根據孩子們到目前為止對馬克白的認識，討論他們覺得他是否會是一位好國王。為什麼？他們還能想到哪些其他的領導者（如：校長、球隊經理或隊長）？好的領導者要具備什麼特質？

4. 孩子們曾經擔任過領導者的角色嗎？什麼時候？身為學校中的最高年級，他們有哪些責任？

5. 馬克白應該信任這三位老婦人嗎？為什麼／為什麼不？孩子

們信任誰？他們是否有任何關於他們必須決定是否要信任某個人的故事？

6. 馬克白應該對他的國王忠誠嗎？為什麼／為什麼不？國王是否做了任何事而值得他效忠？

故事：馬克白
第二課

主要的道德概念
- 遵法與犯錯
- 意圖和責任
- 指責、內疚和歉疚

戲劇學習目標
在本堂課結束時，孩子們將已經：
- 預測可能的情節和故事線
- 創造並清楚呈現鄧肯如何被謀殺的可能版本
- 探索馬克白道德淪喪的開端

資源
有用的道具、兩把短劍

活動流程	備註
1. 玩「刺客」的遊戲，創造騷動、孤立和危險的感覺。詢問孩子們這個遊戲所引發的感覺，以及他們覺得在這齣劇中誰會是刺客？	
2. 就馬克白應該殺害國王和不應該殺害國王各列出四、五個理由。將全班分為兩半，讓雙方的孩子各自從列表中選出一項理由。創造一個當馬克白手持短劍接近鄧肯國王時的	進行良心巷活動時，可以襯上神祕的音樂和昏暗的燈光。一個孩子可以站在良心巷的一端代表鄧肯國王，背對著馬克白。馬克白可以根據他的決定，用短劍攻擊國王或把劍扔掉。

良心巷。然後，問扮演馬克白的孩子，哪一個理由最具說服力。

3. 孩子們五人一組，**演出**他們覺得鄧肯是如何被殺害的，接著練習並以**快照**形式呈現。請他們包含讓馬克白感到罪惡的鄧肯死前遺言，並且請他們讓這種罪惡感顯而易見——經由面部表情、姿態等等，依序呈現並且討論。

請孩子們思考下列問題：謀殺是如何發生的？誰犯下這罪行？國王的侍衛呢？它是如何被計畫而能嫁禍他人的？謀殺的過程順利嗎？可以將這些問題寫在一張大紙上，展示給孩子們看。

4. 讓孩子們圍坐一圈。選出其中一幀快照，重新表演一次，然後保持最後的畫面一小段時間。敘述馬克白如何覺得他聽到了來自暗處、控訴他的聲音——這些聲音說什麼？將孩子們的提議寫下，請孩子們從中選出一個，然後重新展示最後的畫面，襯上不斷產生回響的**人聲拼貼**。您加入其中，間歇地低聲說著莎士比亞的台詞：「別再睡，馬克白謀殺了睡眠。」然後，討論孩子們從這兩句話理解到了什麼。

如果可能的話，再加上音樂。

5. 選另一組的最後畫面，並且給他們兩把短劍，放在侍衛的屍體上。**敘述接下來的劇情**。當您敘述故事時，孩子們把它**演出來**。「在謀殺發生之後，貴族領主麥德夫一早便前來喚醒國王。馬克白領他到國王的房間，而當麥德夫進房時，他在外頭等著。麥德夫看到國王已經氣絕，大叫著：『哦！恐怖！恐怖！

選出最接近莎士比亞劇中鄧肯謀殺情節的畫面。
加入列諾斯和麥德夫的角色，並且確認孩子們知道他們是誰。確認圓圈夠大，有足夠的空間區隔出國王寢室的裡頭和外頭。這段敘述強調動作。孩子們只演出您敘述的內容，對話部分則以和您同樣的口吻重複說一次。

太恐怖了！』便跑出了房間。馬克白問道：『您說什麼？』麥德夫轉向他說：『您進房瞧瞧。』馬克白與列諾斯一同進入。列諾斯驚恐地望著倒在血泊中的國王屍體。馬克白假裝驚恐地望著，然後指向了侍衛。列諾斯可以看到他們身上有著血跡。馬克白大叫一聲，跳向其中一人，把短劍刺進他的心臟，接著又跳向另一人，做了同樣的事。然後，馬克白假裝哭泣，跑下了庭院，所有的人都在那兒聚集著。」	稍後問孩子，他們覺得侍衛何以睡著而且沾染血跡。然後討論孩子們關於鄧肯被謀殺的版本和莎士比亞的有何異同。
6. 詢問麥德夫是否起疑。他現在可能問馬克白什麼問題，而馬克白又可能如何回答他們？孩子們讓馬克白**坐針氈**，馬克白必須完全保持冷靜，而且試著說服每一個人，他與謀殺無關。	這個坐針氈可以用許多方式達成：以全體方式進行——由教師或一位孩子入戲扮演馬克白，也可以由三到四位孩子以**集體角色**的方式扮演。然而，在這全班性的活動之後，可能最好以小組方式進行，各組都有一位孩子擔任馬克白。
評量標準 孩子們所提關於為什麼馬克白應該或不應該犯下謀殺罪的理由是什麼？ 他們是否正確評價馬克白隨後產生的罪惡感（活動 5）？ 他們在活動 4 中以小組呈現鄧肯被謀殺的經過，是否達成您所設定的標準？他們的呈現是否清楚易懂？	

討論／圓圈時間

1. 為什麼殺害鄧肯會是件駭人聽聞的謀殺事件？列出理由（如：鄧肯是馬克白的客人；鄧肯在睡夢中；鄧肯是馬克白的國王），並且請孩子們試著依他們認為的重要程度排序。

2. 介紹像是「不忠」的概念，並且將它加到馬克白人格特質的表單中。

3. 當我們說某個人有罪或有錯，是什麼意思？當我們說我們做某事時感到罪惡，是什麼意思？孩子們是否曾經做了某件事，讓他們之後感到後悔，即便他們並未因此受到懲罰？他們為什麼覺得不好受？

故事：馬克白
第三課

主要的道德概念
- 責任和犯錯
- 信任和忠誠
- 權力和墮落

戲劇學習目標
在本堂課結束時，孩子們將已經：
- 以戲劇骨架的形式，為故事中的事件排序
- 即興、排練並呈現一個場景，特別留心空間（身體距離）和聲音的運用

資源
有用的道具

活動流程	備註
1. 重述到目前為止的情節。然後在角色中**說故事**。扮演一位馬克白身邊愛嚼舌根但單純的僕人，敘述從梅爾康和杜納班逃離（第二幕，第四景）到班科鬼魂出現，以及宴席中斷（第三幕，第四景）的情節。開始之前，向孩子說明這個人物目睹了一些他／她想不通的事，而孩子	只敘述那些您身為僕人可能聽見或看見的事，自由地加些能讓您在事件現場的細節——您正在庭院掃地時，有兩個可疑的人敲門；您在宴席間服侍賓客等。當然，您不知道鬼魂的事，您只知道馬克白的反應。您知道隔天班科被發現遭人謀殺了，可是您並未做任何聯結。

們的挑戰便是想通到底發生了什麼事，並且提供失落的環節。	
2. 與孩子們討論他們覺得發生了什麼事，然後將這個段落的情節以戲劇骨架的形式列出來，如：馬克白對班科說話，班科離開；兩名謀殺者進入，並且與馬克白交談等。	以兩場戲的形式，在兩張大紙上列出內容，以供下一個練習之用。將它們展示，方便各組有需要時參考。
3. 將孩子們分成五到六人一組，把僕人說的故事，包含失落的環節（和刺客對話、鬼魂出現的靈異現象等）**演出來**。小組將專注於（第一景）截至派遣刺客殺害班科的故事，或者（第二景）宴席間截至賓客退席的事件。第一景中的角色有：馬克白、班科、僕人、兩名殺手；第二景中的角色有：馬克白、馬克白夫人、班科的鬼魂、殺手、賓客和僕人。小組琢磨作品以為**表演**之用。確認各組得到足夠的幫助／指導。	指導孩子們仔細思考如何運用戲劇的空間和聲音。比方說，馬克白和刺客應該站在哪兒，使得觀眾可以聽到他們之間的對話但僕人卻聽不到？馬克白應該如何和刺客、班科或他的賓客說話？孩子們在策劃和呈現他們的想法時，可用一系列三個動態的片段、每段有二到三句台詞來構思——這讓他們有時間專注於舞台畫面和聲音的運用。
4. 在各組不間斷地接續表演之前，要求孩子從他們即將觀賞的片段中，選出至少一件讓他們印象特別深刻的事。在表演之後，分享這些讚美，並且選出一組，更詳細地再觀賞一次。與全班分析一兩個關於使用空間和／或對話的例子，並且試著找出其他不同的可能。「讓我們看看如果鬼魂背向馬克白坐著，會是什麼情形。你覺得這樣會更好嗎？」等等。	如果某一組在其他組準備好前已妥善完成，您可以中止全班的練習，讓他們觀賞、讚美，然後對這個作品提出問題。接著，他們可以重新回到小組，學以致用。已經完成小組的成員可以被打散至各組，擔任「**外部觀點**」——安靜地觀看其他組別工作，但受到請求時，隨時提供建議。

5. 用賣關子來結束本節課。馬克白的計謀哪裡出了錯？流血事件到此結束了嗎？他還可能打算犯下什麼罪？	

評量標準
孩子們在活動 2 中是否能將敘述性的故事轉換成戲劇的架構？或者他們非常依賴老師的幫助？
他們在活動 3 中是否善用空間和聲音？

討論／圓圈時間

1. 在馬克白的人格特質清單加上如「多疑的」、「嫉妒的」、「嗜血的」、「殘酷的」等詞。為什麼馬克白變成如此？

2. 討論是否人一旦犯了罪或做了錯事，就會一錯再錯、愈陷愈深。

3. 為什麼馬克白對班科不再友善？哪一類的事會讓孩子與朋友吵架？他們有沒有經驗要分享？他們是否重修舊好了？是怎麼辦到的？

4. 他們覺得班科的鬼魂真的存在嗎？或者這是馬克白想像出來的？如果是他想像出來的，為什麼會這樣？孩子們相信世界上有鬼嗎？為什麼班科的鬼魂回來找馬克白？他們是否有認識的人曾經見過鬼，能分享他們的故事嗎？他們相信這些故事嗎？

故事：馬克白
第四課

主要的道德概念
- 正義和復仇
- 懲罰和報應

戲劇學習目標
在本堂課結束時，孩子們將已經：
- 透過聲音和動作來創造並維持住戲劇的氛圍
- 思考並再現他們覺得什麼是適合故事的戲劇性結局

資源
有用的道具；眼罩；分給各組的個別詩行（見活動2）

活動流程	備註
1. **暖身**。帶領孩子們進行一些慢動作的練習。他們在原地以各種不同方向、不同高度做出推、拉、扭動等動作。然後運用類似的動作緩慢地在空間中移動。	當他們開始移動時，襯上不祥的音樂，並且敘述：「你是個移動的影子，一個鬼魂，神秘而且險惡，當你穿越空間時，永遠改變你的形狀。」
2. 敘說馬克白決定回頭找那三位神秘的婦人——他為什麼要這麼做？將孩子分成六組，並且將以下台詞分派給他們，每組一段： • 馬克白，馬克白，當心麥德夫，小心費輔領主。 • 馬克白，馬克白，要血腥！要大膽果斷！因為女人所生產的傷不了馬克白。 • 除非大勃南森林也和他作對移到高丹新南山，馬克白必不會失敗。	這些台詞選自原劇第四幕第一景。如果您為每一句台詞準備兩份副本，寫成大字報後再發給各組，將能有所助益。您依序唸每一句台詞，並且請學生跟著您覆誦一遍。討論每一句的意義。讓各組實驗以各種方式朗誦，製造出令人毛骨悚然的氣氛。然後給他們兩分鐘的時間熟記台詞（如果可行的話）。或者孩子們也可以記下台詞中的某些措詞。

3. 將全班分成兩半，每一半各三個組，而當中各組分別負責一句台詞。讓其中一半緊坐在教室中央，另一半則環繞在他們外圍。要求內圈的孩子依序以令人發毛的方式**表演**他們的台詞並閉上眼睛。襯上情境音樂。內圈、外圈對調位置後，再做一遍。	您可以指揮這個活動，像是**聲音拼貼**一般，要求孩子在您指向他們、控制音量，或讓台詞彼此重疊時，複誦他們的台詞。如果表演者在說話時環繞著移動，效果將會非常好。在活動結束時，問內圈的孩子哪個詞語最具震撼力，為什麼。
4. 這些老婦人告訴馬克白什麼事？如果她們是對的，馬克白現在會怎麼想？為什麼我們剛才以這麼恐怖的方式來呈現呢？	這可以讓孩子們思考我們如何創造出懸疑。他們可以感覺到馬克白不應該信任這些女巫，其中必有圈套。
5. **敘說**第四幕第二景到第五幕第五景情節的重要事件。包括了：麥德夫逃至英格蘭；他的家人遭受殺害；麥德夫與梅爾康會面，他們養一支軍隊要和馬克白對抗；馬克白夫人的衰敗和死亡；馬克白的孤立；麥德夫在勃南森林紮營，以及他必須偽裝。鼓勵孩子們思考勃南森林何以可能在沒有超自然力的情況下，朝著丹新南移動。	這占全劇中很大的一部分，但原劇中有很多地方，像是麥德夫和梅爾康之間的長段場景，極可能讓孩子們失去興趣。此處，Garfield 的版本對於您在調性和細節的選取上，提供了相當實用的指引。
6. 將馬克白已經殺害的人列出來。這些人的鬼魂會如何指控他？在每一個人名旁寫下可能的答案，並且將它們展示出來。	
7. 讓孩子們五到六人一組。他們現在要想像馬克白惡夢中勃南森林以這些鬼魂朝丹新南來、逼近他的幻	確認每一組的活動空間被清楚劃分開來。為利於製造威脅感，提示孩子鬼魂的

覺。一個孩子擔任馬克白的角色，其他的孩子以活動1發展的動作為基礎，表現出鬼魂靠近。要求每一個鬼魂選一句控訴，在馬克白耳邊低語著，聲音隨著他們接近愈來愈大。設計一個明確的結尾。**依序排練和表演。**

眼睛從頭到尾都緊盯著馬克白。

此處，情境音樂仍能大大提升演出的效果。

8. 請孩子選一位夥伴，兩人找一處空間，並且決定誰是A誰是B。接著講完故事所剩情節，包括城堡如何遭受猛烈攻擊，馬克白與麥德夫又是如何在戰場上交鋒。麥德夫接近馬克白時，說自己確實並非由女人所生（譯註：他是剖腹產出生的）。將馬克白和麥德夫**雕塑**成兩兩相對的狀態，並且要求孩子們**想法循蹤**，輪流設想這兩個人心裡在想什麼。說明這是全劇的高潮。孩子們兩人一組**排練並演出**一段慢動作的戰鬥，描繪這戰鬥是如何結束的，而他們又覺得馬克白抑或麥德夫是最後的贏家。

這個活動最好能一次由三到四組同時表演。當他們表演完畢時，您可以尋求其他孩子的讚美。您也可以要求各組以舉手的方式，表示他們覺得是馬克白或者是麥德夫贏了這場戰鬥。可以就他們的決定當下進行討論，或稍後在課堂上討論。

9. 孩子們形成一條**擁戴陣線**。右邊的端點代表熱切相信馬克白罪該萬死者，左邊的端點則代表熱切相信他應該活下來者。孩子們可以依他們的選擇，隨意站在這行列的任何一點。同樣的活動可以再做一次，詢問孩子想要馬克白活著或者死掉。

這個活動可以導引到一個很有用的討論：為什麼馬克白讓我們又愛又恨；即使馬克白犯下了駭人的罪行，我們的哪一個部分仍然喜愛、同情他。

評量標準

孩子們在活動 3 和活動 7 中是否善用他們的聲音和身體來呈現威脅感？

他們在活動 7 中是否有效運用空間？

他們在活動 8 中是否敏於劇中的邏輯？

孩子們有多了解馬克白罪行的本質，以及他們是否對他存有任何模稜兩可的感覺？

討論／圓圈時間／進階活動

1. 在本劇結束時，儘管馬克白犯了罪，孩子們是否仍然同情他？如果是的話，為什麼？如果不是的話，又是為什麼？

2. 在本劇結束時，正義是否獲得了伸張？我們說「正義獲得伸張」是什麼意思？

3. 哪些角色可以說是已經對馬克白報了仇？我們說「報仇」是什麼意思？這是件好事或壞事呢？孩子們是否有任何對別人報仇的經驗？或者自己遭到其他人報復的例子？

4. 孩子們覺得馬克白的墓該刻上什麼碑文？他們可以用韻文寫成雙句或四句的墓誌銘嗎？

語文目標和相關活動

孩子們應該被教導： **字彙‧擴充字彙**	週別	**本章範例**
7. 理解文字和表達方式如何隨著時間而產生改變，如：古英文的動詞結尾-st 和-th，以及某些字如何因此廢而不用了，如：yonder（這邊，今改用 here），thither（那邊，今改用 there）；	1	孩子們從 Gardield 版本和／或莎士比亞原劇的對話中找出這樣的字，將它們列出來，並且在這些字的旁邊提供現代英文對照。

課文：故事與詩歌 閱讀理解		
1. 將刊印的小說或劇本與它們的電影／電視版本做比較，如：關於情節和角色的處理，兩種形式的差異，像是看到了場景，刪去了敘述者；	4	孩子們觀賞動畫版的《馬克白》，並將它與 Garfield 的版本做比較。
2. 就文學作品表達個人意見，識別一個作品為何以及如何對它的讀者發生作用？	1-4	在戲劇時段和圓圈時間經常請孩子們就作品提出意見。
4. 熟悉一些知名作家的作品，認識他們的作品有何特別之處；	1	可以向孩子們介紹莎士比亞的各類作品、某齣戲公演的海報、皇家莎士比亞劇團的任務，以及它位於史特拉福以及倫敦的劇院。全班可以討論他們所知莎翁劇作的電影版本（如《羅密歐與茱麗葉》）。
5. 在團體討論文學作品時，建設性地就他人的觀點做出回應和補充；	1-4	戲劇和圓圈時間的多數討論，尤其是針對馬克白的性格和行為討論時。
寫作 6. 藉由以某個作品的口吻和風格書寫，熟練掌握敘事觀點；	3	在戲劇第三課中，當孩子們為場景設計框架時，改變了僕人故事的觀點。他們以自己所認為莎士比亞的風格來呈現。
8. 以限定的字數為一段台詞、章節或課文做摘要。	2	在第二堂戲劇課後，孩子們用一百字內為鄧肯之死以及發現他的屍體做摘要。
9. 以一則故事的一小段改寫成劇本的形式，如：運用舞台指示、地點／場景；	3	孩子們構思馬克白與班科謀殺者會晤，以及班科鬼魂在宴會中現身這兩個場景，並且寫下腳本。

10. 實驗以動作性的動詞以及擬人法寫詩；針對個人大聲朗讀的目的將詩予以潤飾；	2, 4	孩子們以刺殺鄧肯和侍衛之短劍的口吻寫詩，並且將它朗讀出來；或者以勃南森林鬼魂的持續行進為題創作。
非小說 **寫作** 14. 發展傳記體以及在角色中寫自傳的技巧，採取特定的口吻或不同觀點來描述同一個人物，例如警方筆錄、新聞訃告等；	2-4	為班科的其中一位謀殺者做筆錄；為鄧肯、班科、馬克白或馬克白夫人撰寫訃文。
16. 運用新聞寫作的風格和慣例，報導真實或想像的事件；	5	孩子們觀看地方報中各類文章（故事、特寫、廣告等），以戲劇的各個面向，為班上將演出「丹新南的回聲」寫各類文字，如：頭條新聞「國王離奇死亡」；特寫「勃南森林漫步」；怪姊妹主持的星座運勢；今日天氣──暴風雨、起霧、馬兒可能躁動不安等；招聘廣告──蘇格蘭國王；徵求第四位姊妹──條件：必須怪里怪氣；尋人啟事「弗列安斯，最後一次被看見…」；小廣告──去漬寶，能去除您雙手討厭的血漬。
18. 運用電腦來計畫、修正、編輯寫作，使之更加精確、簡潔，並且將它提升至出版的水準，如：透過匯編班級報，留心正確性、排版和外觀；	5	參見上文。

透過戲劇設計
道德教育課程

將戲劇置入道德教育課程中

　　您任教的學校可能用各種方式來為孩子們進行社會道德教育，而且多數時候是以跨課程甚至超越課程框架的方式來實施的。當中可能包含了教導孩子認識道德規範和價值標準、辨別是非善惡；鼓勵他們發展某些特定的習慣和態度，像是關心彼此，展現出誠實和負責任的特質；同時引導他們去思考自己的行為對身邊的人有何影響，評估別人有哪些特質是他們所欣賞的、又為什麼欣賞。雖然學校的道德教育集中在對孩子施以這種「訓練」和「引導」，它們卻只是道德教育的一小部分而已。宗教教育（RE）課或學校週會中也可能教導道德規範或標準，鼓勵孩子們表現出符合學校整體氣質之服從、合宜的行為模式。但是，為了培養孩子們成為獨立的道德個體，能在面臨複雜而且困難的決定時做出道德判斷，他們還需要發展想像和情感的特質來仔細想清楚道德的困境；理解他人的需求和感覺；並且發展有利於討論人物「好」、「壞」以及行為「對」、

「錯」等議題的語彙。

如同我們在前言中探討的，運用故事來滿足道德教育的目的有許多方法——有時故事的主旨明確，提示出個人應有的行為和生活方式；有時故事懸而未決，強調主人翁所遭遇的困境以及盛衰浮沉的經驗。若說前者在教誨道德行為，後者就比較是在誘導孩子們更廣泛地認知：道德生存通常是複雜的，而且也很少是簡單的。當孩子們已知的規範不夠充分或者不適用於故事中的狀況時，上述這些故事便能幫助孩子們發展想像，思索在那樣的情況中該如何自處。此外，上述這兩類故事都在介紹孩子們美德和不道德的觀念，諸如勇氣、同情、忠誠或懦弱、刻薄、善變等人格特質，會在某些特定情境中顯現出來。不過，倘若那些試圖教導孩子向善的故事在透過角色樹立榜樣，那些試著引導孩子們思考何為美德的故事，便是將角色處理成問題重重和沒有定性的。它們提出並且探索像是勇氣和忠誠的問題，而不是提供明確的範本。如此所表達出的道德生活是時時尋思「我應該如何生活？」，也就是我們不斷重新評估自己的行為會對其他人造成何種影響。

戲劇以故事為中心，它的本質是群性的和生動的，能滿足小學道德教育的兩個面向——即發展孩子們像是關懷和責任這種正向的道德態度和行為；以及讓孩子們接觸到道德思想概念上的語彙，發展他們對他人社會性需求的同理心。戲劇當然可以運用故事來發展某些道德價值和態度，但它也能非常有效地幫助孩子思考、感覺和詢問一些關於人性既基本又複雜的道德問題。本章其餘部分將試著解釋和說明戲劇可以如何達成這個目的，並且從前一章所述的六個教案中舉例說明。我將分析戲劇如何能有效地支持孩子的道德教育，先從經由戲劇和肢體展演來體驗故事的獨特方式談起。

故事展演的道德力量

　　在學校，大部分的故事不是被拿來閱讀就是被拿來講述，也就是以文字作為媒介。在戲劇中，文字當然重要，但它們還搭配著許多視覺和聽覺的符號。故事中的人物看得到也聽得到，我們能看到他們長什麼模樣、做什麼事情，也能聽到他們說話的內容和語調。他們可能穿著或拿著某件有意義的東西──一頂帽子、一件舊夾克、一封信、一根柺杖；也有可能在別人對他們說話、論及他們時，他們只是靜靜地坐著；或者當音樂和人聲嘎然而止時，傳出了其他的聲響。這些視覺和聽覺的符號同時具有直觀和象徵的意義，而當直觀和象徵層次的意義同時運作時，符號將更為有力。

物品

　　在一齣戲中，桌上的信不只是一份通聯紀錄。如果故事是關於外遇的，它可能是情人寄來的，意味著伴侶不忠，也可能是封勒索信，示意外遇者的罪惡感。在這兩種狀況下，我們可以發現信的象徵意義帶著道德意涵，而在好的戲劇中，當我們看到這封信和聽到無辜的一方善意但反諷的言談時，直接的感官衝擊將使得這種道德意涵變得更有說服力。即便是日常生活中最平凡的物品，都可以像這樣經由戲劇的有效運用而變得富於象徵意義，發揮日常生活中少有的道德力量。

範例

青蛙王子 第二課	**金球**代表的是孩子情感上最依戀的物品，物品的重要性與經濟價值無關。
補鍋匠吉姆 第一課	**貓食罐頭**意味著牧師自私而缺乏慈悲。
阿秀和海妖 第三課	**銀幣**代表著拾荒者想要藉由剝削他人來增加自己收益的企圖。
好心的克拉拉	**被子**象徵奴隸們所能合力做到的事，他們一同努力追求自由與幸福。
海女 第一課	**網子**既是皮膚又是陷阱，象徵著海女如何因為自己的身分而受困——她的與眾不同，使得漁夫自私地想要占有她。
馬克白 第二課	馬克白在謀殺主子之後在王座上接受「坐針氈」，面對任何棘手的問題都面不改色地撒謊。在這兒，平凡的**椅子**代表著王座，象徵著權力的傲慢。稍後，在第四課，孩子們創造出一個類似的畫面，即勃南森林的鬼魂接近馬克白。在這兒，王座有了不同的意義——孤寂的、腐敗的和野心的最後毀滅。

　　此處的重點是去區分道德的和說教的。上述象徵符號的道德意涵並非去教導或強化是與非的概念；這些物品之所以具有道德性，是因為它們寓涵著某些人在特定情境下該如何作為的道德概念。沒有必要向孩子分析它們產生了何種啟示，但應該讓孩子們實地感覺這些物品，從而引發一些有力的討論。

空間中的物品

　　戲劇中的物品不會被單獨視之，它們存於空間，其所在的位置能提示出它們象徵的、道德的意義。

範例

好心的克拉拉 第一課	**北極星**，利用打在暗室牆上高處的手電筒光圈來代表。黑暗中閃動的光芒；伯利恆之星的文化指涉，也許象徵著新時代即將來臨；一個強有力的希望象徵。讓孩子領會這些意義的最佳方式是，加上**瑞秋姨的意象**——讓她站在遠處抬頭凝視著北極星。

　　孩子們在**想法循跡**中發表的意見，能反映出他們從這些意象中獲得的道德啟示。其中一組孩子很快地掌握到這個意象的涵義是希望，做出像是「我希望他們可以安全地逃離」、「我希望他們像克拉拉一樣幸運」、「我希望有一天自己也能逃離」、「我希望再次見到克拉拉」的評論。

聲音

　　在電影和電視劇中，為視覺意象加上聲音（特別是音樂）是非常普遍的，但在學校戲劇中就不那麼常見。然而，這麼做可以非常有效地幫助孩子們掌握戲劇意象的涵義，感受它的道德意涵和情感力量。我們也必須記得，文字所傳達的不只是觀念上的意義，它們也具有潛在的音樂性，詩和歌曲就經常利用這個特質，戲劇教師同樣可以善用文字的音樂性。

 範例

阿秀和海妖 第一課	孩子們用聲音強調、對比出妖怪毀滅的本質和阿秀撫平人心的特質。
馬克白 第二課	當馬克白接近鄧肯時，孩子們以**良心巷**的形式，對馬克白耳語著彼此衝突的勸說。在這裡，他們對於馬克白應不應該殺死國王的勸說，著重在馬克白道德感和野心驅力之間的拉

	鋸。如果將燈光調暗，配上令人毛骨悚然的音樂，將會突顯出馬克白行動計畫的黑暗本質，強調出這個抉擇所牽涉的道德風險。
海女 第一課	當海女離開漁夫和他的孩子後，漁夫獨自站在海中時環繞他的**聲音拼貼**突顯出他對自己和孩子目前處境所應負的道德責任。同時，輕柔地播放適當的音樂，藉由渲染這個時刻的感傷性，讓孩子們同情漁夫，將為這個意象添加幾許道德上的不確定性。這種不確定性的價值容後討論。

動與靜

假使物品在戲劇空間中能傳達道德力量，那麼人在空間中的動與靜更是如此。在戲劇中保持靜止對於幼童有雙重好處——它容許孩子簡單地描繪一個道德概念，同時提供他人時間來檢視並且做出回應。運用**靜像畫面**是一種簡單而有效的方式，但在戲劇行動中加入靜止的時刻，同樣可能刺激道德上的反應。

 範例

阿秀和海妖 第二課	孩子們藉由激烈和扭曲的動作，召喚出妖怪邪惡和毀滅的力量。
馬克白 第四課	勃南森林的鬼魂緩慢而持續地逼近，代表著馬克白無可避免的挫敗和他所作所為招致的惡報。
海女	當孩子們創作故事中海女最痛苦時刻的**靜像畫面**時，他們被要求設想一些能讓他們同情海女的受難畫面。為了明確表達，他們必須運用空間上的對應關係，反映出漁夫和海女兩人的地位、心境、姿態和表情。
海女 第三課	一個孩子扮演漁夫，癱坐在椅子上受著酷刑。這個畫面能激發孩子與國王使臣間的對話，對國王所持的種族主義提出反駁。

好心的克拉拉 第二課	當醫生讓受傷的奴隸受困在他家時，一個孩子孤單、靜靜地坐在與其他同學有些距離處。這種空間上的分隔強調出他的孤立，視覺上意味著加諸在奴隸承諾要不計一切團結一致的威脅。

教師入戲

　　當我們思及具體呈現戲劇中的人物時，其中一個關鍵便是教師運用「教師入戲」的技巧。透過教師選擇扮演的人物以及演出的方式，孩子們能夠被引導表達**明確的道德立場**。

 範例

青蛙王子 第三課	公主的傲慢使得孩子同情青蛙王子更甚於公主。
補鍋匠吉姆	牧師和席格小姐是非常明確的**角色類型**，也就是說，他們是性格扁平的人物，孩子們能夠很容易就辨識出他們所描繪和代表的道德缺點，並且加以批評。這種人物在默劇中很常見。在這裡，一個人代表缺乏愛心（神職人員的身分更突顯了這個缺點），另一個人則代表著徹頭徹尾的自私。
好心的克拉拉 第二課	醫生一開始看來好像是奴隸的朋友，但隨後卻顯露出虛偽的一面，堅持犧牲奴隸的自由來獲取醫療費用。他的行為引發了某些道德問題：人類究竟該不該被視為經濟財產？在什麼情況下，我們應該發揮人溺己溺、人飢己飢的精神？我們是否應該不計回報地幫助他人？這些問題是醫生與奴隸後續對話的主題，但是當孩子們扮演奴隸時，他們對醫生所作所為的立場依然明確——他這麼做是錯的。對孩子們而言，此處的挑戰是說出醫生行為不當的理由並且採取行動。

當角色充分發展時，或者當角色的所作所為互相矛盾時，便要求孩子們做出更複雜的回應。孩子們可以在對某個角色有好感的同時，指出他們錯誤的行為。這裡，孩子們感受到的是**曖昧的道德立場**。大致而言，孩子的年齡愈大，我們愈應該嘗試讓他們經驗更為模稜兩可和為難的道德立場。與孩子們探討這類人物在我們心中所引發之極為人性、矛盾的感覺，是我們可以運用戲劇引領孩子進入更開放、「誘導式」課程的最重要方式之一，可以和他們平日接受的道德教誨相輔相成。

 範例

補鍋匠吉姆 第三課	孩子們知道吉姆不應該偷竊，但他們不喜歡席格小姐（被竊者），卻著實喜歡吉姆。他們也能理解吉姆為何要偷席格小姐的東西。因此，此處道德的要旨環繞在正義的議題上。孩子們覺得吉姆的行為哪裡錯了？他是否應該受到懲罰？什麼樣的懲罰？我們可以做些什麼，讓吉姆以後不必再去偷竊？
阿秀和海妖 第三課	雖然拾荒者在一開始的活動中立場明確，但他願意接受國王的法律而且隨後請求孩子們幫忙，都可能改變孩子們對他的態度。
馬克白	我們對馬克白這個角色的核心反應是更為複雜的道德不確定性，一方面他體現了我們所崇尚的美德，另一方面他卻犯下了駭人聽聞的罪行。這樣的情形，可見於第四堂課結束時，多數孩子對馬克白存有矛盾的感覺。

「明辨是非地演戲」

已經嘗試入戲教學的老師們會知道「教師入戲」是多麼有效；如我們所見，您對角色的選擇將會激發學生產生不同的反應。特別是面對幼齡孩子時，您很可能希望孩子們在戲劇中所採取的行動是

「善」的，而不是「惡」的。達成這個目的最直接的方法就是扮演
孩子會同情而且提供協助的角色。尤其是低年級的孩子，幾乎總是
很容易就認同這樣的角色，並且樂於幫助他們。當孩子們幫助某個
虛構世界中在某方面不如他們的人時，他們展現出像是關懷他人、
慷慨、同情的美德，和對社會正義的信任。

📖 範例

青蛙王子 第二課	青蛙太小以至於無法跳上巫婆的窗子，所以孩子們代他窺探。他們也可以為他取得巫婆的魔法書，讓公主明白親吻王子是多麼容易的一件事！
補鍋匠吉姆 第二課	吉姆太洩氣了以致提不起勁向席格小姐要一些食物，所以孩子們代他索食。
阿秀和海妖 第三課	孩子們扮演村民時必須執行皇帝的新法，並且解釋為什麼新的法律對拾荒者而言是公平的。

　　當然，期待孩子們把這些行為模式直接移轉至日常生活中是過
於天真。在我所扮演的角色和真實的我之間總是有段距離的。然而，
這並不會否定讓孩子扮演這類角色的有效性，因為在這個「他者」
中，總包含著「我」的某個部分──我假裝如此；根據我對這個世
界的了解以及我的經驗，我進入一個「第三空間」，這是一個幫助
我在自我認知以及自我與他人異同間建立關聯的所在。透過上述這
些戲劇，儘管是虛構的情境，孩子們實踐了學校努力推動的美德。
用這種方式，孩子們有機會在特定的情境中探索合乎道德的行為。
我們或許難以得知將這些行為戲劇化能在孩子心中留下什麼，但最
起碼，它們提供了孩子新的、共同分享的故事，也為他們建立了道
德參照點，這些故事還可供教師在日後的課堂中進一步引用討論。

　　高年級的孩子們通常需要更細緻的方法來扮演具有道德特質的

角色。常用的策略是讓他們扮演像是偵探或科學家這類的專家，因為這些角色所要求的行為倫理規範，是孩子們經由自身社會經驗或觀看電視劇而覺得熟悉的。另一個好方法是讓孩子扮演對抗惡勢力的角色，孩子們樂於推翻惡勢力權威。

 範例

海女 第二課	對孩子而言，破壞國王使臣邪惡的計畫遠比容許他占上風來得更為有趣。這裡，孩子們扮演的幫手角色加添了冒險故事的風味，他們必須展現勇氣和忠誠的美德。

當然，孩子們不會總是在戲劇或遊戲中扮演「善良」的角色。戲劇和遊戲的樂趣有一部分在於它容許孩子們自由扮演其他的身分，嘗試使壞或怪模怪樣。

 範例

青蛙王子 第二課	孩子們將一位自願者塑造成他們所能想像出最邪惡巫婆的模樣。
補鍋匠吉姆 第二、三課	當孩子們扮演席格小姐或牧師時，盡可能表現出自鳴得意和自私的模樣。
阿秀和海妖 第一、二課	孩子們有機會從扮演妖怪可怕的行為中獲得樂趣。
馬克白	在整個戲劇活動中，孩子們從描述邪惡、恐怖和謀殺的行為中獲得極大樂趣。

教師有時會憂心戲劇的這個面向，即使他們不會，也可能要再三考慮，才會聲稱它具有道德教學的效益。但我們別忘了，在像是《馬克白》的故事中，邪惡的行為並非存於道德的真空狀態；它們被視為是邪惡的，而且正義終究得以伸張而惡人受到懲罰。從心理層次來說，孩子或許不一定會在這樣的活動中終結他們的恐懼和焦

慮，但從社會層次而言，他們可以經由終止那些他們知道是錯的行為，來確認他們認知是對的事。針對年紀稍長的孩子，我們可以開始探究為何人們即使擁有像是我們推崇馬克白的那些優點，仍會犯下明知道是錯的事。但故作恐怖和怪異的趣味應該提醒我們，戲劇的本質是一種好玩的藝術形式。接下來，我們看看戲劇宛如遊戲能提供何種道德學習。首先，我提供以下幾點協助您參照本章範例來規劃課程。

設計要點

- 考慮您可以在戲劇課的哪個部分以及如何運用象徵性的物品，而這些物品又可能傳達出什麼道德寓意。
- 謹慎考慮您對空間的使用，以及如何安排物品和／或人的位置，來突顯某種道德上的緊張關係。
- 覺察您所扮演角色的道德面向。他們是直接明瞭的「類型」或有著更複雜的性格？不管是哪一種，他們具有何種道德意義？
- 為孩子選擇角色時，考慮孩子們所能透過角色探索的道德的或不道德的行為。
- 運用音樂或其他音響效果是否能加深孩子們對某種道德緊張的感受力？
- 安排時間讓孩子省思和／或討論戲劇中或戲劇之外所引發的道德議題。

遊戲、規則和戲劇

遊戲和規則

　　幼齡孩子能夠從遊戲中學到許多對他們社會發展和道德發展具有啟發性的事。遊戲是在社交場所中進行的，它容許孩子們與其他人聯結並且建立關係。遊戲也讓孩子學會輪流、公平、面對成功和失望、視困難為挑戰，它們鼓勵相互關係和信任感。最重要的是，它們可以教導孩子領會到規則對於順利社交而言是必要的；我們若能與他人建立共同的規則，在相處上會比全無章法時來得更加容易。遊戲還可以教導孩子耐心和自律，這兩者對於遊戲的順利進行至為關鍵：足球賽或蛇梯棋[1]若是只維持個兩分鐘或某個人不斷作弊，便一點都不有趣了。

　　在社會學習和遊戲之間有著雞生蛋、蛋生雞的循環關係，孩子需要運用社交技巧來玩遊戲，而透過遊戲，他們的社交技巧又能變得更好。許多這類的技巧可以發展孩子的道德態度，教導他們接受協議，尊重團體的努力，遵守社交行為的規範，展現自律。遊戲突顯了上述態度的必要性，並且在上述態度落實時提供即時與可見的回饋。

　　不管遊戲是作為暖身或是鋪陳故事的一部分，在您的課程架構

1　譯註：原文 snakes and ladders，這是一種棋盤遊戲，棋盤上繪有 8×8、10×10 或 12×12 的方格數，以及連接方格的梯子和蛇。遊戲者以丟骰子決定棋子走的格數，碰到梯子就往上，碰到蛇就往下。據傳最早為印度教導孩子美德的遊戲，梯子代表慷慨、誠實、謙遜等美德，蛇代表欲望、憤怒、謀殺、偷竊等罪惡；遊戲的道德教訓是一個人可經由行善早日獲得救贖，行惡將導致轉世投胎為較低等的動物。

中安排一或兩個遊戲會是個不錯的主意。某些遊戲可能有著明確的道德內容。

 範例

| 青蛙王子
第一課 | 我的寶貝——鼓勵孩子思考比金錢價值更重要的東西。 |
| 好心的克拉拉
第二課 | 關於某某人的一件好事——鼓勵孩子給予和接受讚美。 |

然而，遊戲主要不是透過內容而是經由它們的結構——也就是它們的規則，來鼓勵特定道德態度的發展。

 範例

一年級 圈圈遊戲	它教導輪流和平等的觀念，即每一個人都有權利發言。
補鍋匠吉姆追小雞	以這類「捉鬼遊戲」作為暖身活動，孩子們必須努力解救那些被捉到的同學，而當他們自己被捉到時也必須坦然接受。教師可以要求孩子們計算他們救了多少同學來增加遊戲的樂趣。
補鍋匠吉姆和男管家 補鍋匠吉姆，第三課	這個遊戲鼓勵擔任吉姆和男管家的孩子有耐心地進行追逐，而其他孩子也要自律地靜止不動。

強調結構甚於內容是非常重要的，因為它幫助我們明白有些社會和道德的學習是可以獨立於遊戲的表面主題之外的。玩補鍋匠吉姆追小雞遊戲的孩子在學習偷竊是有趣一事上，不會比玩刺客的孩子學習到如何經由秘密行動謀殺一個人來得更危險！

戲劇和規則

遊戲和戲劇是不同類型的活動，但都有賴規則的運作。在戲劇

中，規則不那麼明顯，但教師仍然可以規範不同類型的行為，讓戲劇課的活動順利進行。

 範例

所有年級	每當全班觀賞某一組同學呈現時，教師和孩子都只能給予正向的批評。這將促進教師和孩子之間以及孩子們彼此之間的信任感。
馬克白 第三課	一組學生很快地完成討論，向全班展現他們的成果。當其他孩子完成他們的作品時，這一組的成員被分派到各組當「外部觀點」。他們的任務主要是觀察，而只有在被觀察的小組要求時才給予建議。這確保了批評是針對該組認為重要的部分，而且只有在他們需要的時候才會被說出來。
分享表演	海女第三課和馬克白第三課都包含了小組創作短劇而後在班上呈現分享的例子。這些呈現，從第一組到最後一組，都是在表演規範下進行的——只有表演的孩子能說話和動作。在這裡，小組紀律對於自己和同學的呈現而言既是一種挑戰，也是一種尊重的表現。孩子們很快便能從遵守紀律中獲得回饋——孩子們能體認到這些紀律帶給表演者和觀眾更多的戲劇樂趣。

或許我們最好將戲劇規範描述成慣例，因為如果規範帶有固定和外加的言外之意，那麼慣例暗示著團體的共識和協商。孩子們可以從戲劇學到（但不那麼容易從遊戲習得）的一件事便是如何商討出規定。

 範例

青蛙王子	學生與教師一起決定要如何才最能夠呈現出女巫在小木屋的模樣；大家該怎麼做才不會被女巫發現。
阿秀和海妖 第三課	孩子們與皇帝就禁止將惡夢和其他噁心東西倒入海中的新法律商討措詞。

好心的克拉拉 第一課	各組孩子決定要帶什麼食物才能讓全班在旅程中享有多樣化的食物選擇。
海女 第二課	針對如何安排表演畫面的順序，徵求孩子們的建議。

戲劇的競賽

　　將戲劇與體育競賽區分開來的另一個主要特徵是，戲劇不同於足球或籃網球（netball），它直接從社會擷取內容。但在反映社會際遇的過程中，它競賽般的特質仍然影響了這些際遇如何被呈現。特別是，就像一場難纏的西洋棋或足球比賽讓與賽者更加投入，如果能維持住戲劇的緊張狀況，並且延遲解決的時機，孩子們將會對虛構世界中的種種經歷更加著迷。這點相當重要，因為它幫助我們理解孩子們可以如何享受相對於立即滿足的遲來快樂，以及戲劇可以如何幫助他們樂於接受困難的挑戰。

 範例

好心的克拉拉 第二、三課	當奴隸和孩子們要不計一切代價抵達俄亥俄河時，但身為戲劇中的參與者，他們不要在沒有面對真實困難的情形下到那兒，他們必須設法克服困難。
海女 第二課	孩子們必須試著說服漁夫有真正的危險；扮演漁夫的孩子必須讓其他孩子設法取得他的信任。
馬克白 第二課	孩子們試著在馬克白坐針氈時戳破他的謊言；馬克白則試著保持冷靜和王者風範。

　　最後一個例子讓我們回過頭來注意到道德知識對於展演戲劇中的違法犯紀是不可或缺的，在馬克白的例子中尤其明顯。當扮演馬克白的孩子或教師坐針氈時，他們愈能有技巧地還擊指控，即興也

就會愈有趣。正如同競賽，我們在這裡要注意的是戲劇結構上的特色，它競賽般的特質而非其內容。孩子們必須在戲劇中快速且靈巧地思考只是課堂眾多狀況的一種而已。其他的例子包括了試著說服席格小姐給補鍋匠吉姆食物；為吉姆在地方法庭的羈押提出正、反方意見；與皇帝和拾荒者辯論；試著從巡邏隊那兒救出奴隸；展開釋放海童的計畫。

「機智」和「熟練」可能就不是這麼容易讓我們與社會道德課程聯想在一起。既然如此，讓我們將它們視為性格上的優點，不同於「狡猾」和「迂迴」，而和它們相對的是「遲鈍」和「天真」。我認為，讓孩子即興演出故事中殘暴的當權者受到質疑，並且被機智和熟練的行動擊潰或顯得荒謬可笑，如此的道德行為模式要比許多動作片中可見的以暴制暴模式來得更為適當。

設計要點

- 總是能信手拈來各種不同的遊戲，同時注意它們在社會發展和道德發展上的不同焦點。
- 遊戲可以是引導沒有戲劇經驗的孩子接觸戲劇的好方法。
- 針對特定活動的正向行為做簡單的說明，通常能讓孩子們受益。
- 只要可能，將指導方針呈現為一種挑戰，而非一種限制。
- 記得機智和熟練在適當的狀況下可以是美德。

對話、兩難和熱情的思考

理智與情感

　　教室中的談話一般是教師就一些已知答案的問題發問，然後由學生回答。當然也有更開放的討論，特別像是在圓圈時間，高年級的孩子偶爾也會辯論關於是否該禁止某些類型的狩獵，或讓馬戲團的動物演出是否是殘忍的行為等議題。

　　在戲劇中，教室談話是以不同的方式來結構的。首先，原有的階層關係可以被改變。教師不再是提問者，她可能保持緘默，或者自己站上火線坐針氈。戲劇的情境為孩子開放了各種機會去嘗試不同類型的談話。但戲劇課中的對話最有力之處，在於它引發孩子理智而且熱烈的辯論或討論，同時牽動著他們的情感和理智。

　　本章從一開始已經多次提及孩子的感覺發展是道德教育的一環，但我們若是堅持情感與理智彼此分立——一個冷酷而不帶感情，另一個未經加工、自然和自由——那就錯了。情感並非偶然發生。孩子們學習用某些方式去感覺，這意味著他們的情感根植於理性之中。經驗可以教會孩子對老師動怒感到害怕、喜愛書籍、尊敬或蔑視權威。如果喜愛和恐懼是人類與生俱來的情感能力，這些情感的對象，也就是我該愛什麼、怕什麼，便仰賴後天習得。因此，當我們面對道德議題時，帶著情感、甚至熱情來思考是極自然的，因為這樣的議題本來就是訴諸情感的。

　　所以，幫助孩子學習道德思考的其中一種好方法，便是讓他們投入感情，處理正在討論中的議題。最理想的狀況下，戲劇中的**即興對話**可以牽動孩子們的情感，讓孩子對和該議題相關之劇中人物

的作為或情境做出道德回應。這個回應可能是正面的，激發了孩子對人的關心，也可能是負面的，引發孩子們的疑惑和憤慨。不管是正面或負面，它們都鼓勵孩子們關懷人類同胞，關切他們自身所處的困境，以及他們所作所為導致的善果或惡報。當對象是小學生時，最容易處理的方式便是運用「教師入戲」。

 範例

補鍋匠吉姆 第二課	孩子們站在補鍋匠吉姆的立場，與席格小姐辯論她應該給吉姆一些食物的原因。
補鍋匠吉姆 第二課	教師入戲扮演牧師，試著說服席格小姐不要給吉姆任何食物。他的態度引發孩子眾怒，孩子們因而與他爭辯，反駁他。
好心的克拉拉 第二課	醫生堅持奴隸因為無法付給他醫療費用而必須回到荷姆莊園，引發扮演奴隸的孩童們的強烈憤慨。
海女 第二課	當國王的使臣拒絕說明海童被移出島嶼後接下來會發生什麼事，他顯然有所保留。結果，當他說他們將不會受到任何傷害時，孩子們不信任他，群起拒絕他的價值標準。

精心設計過的對話會讓孩子以不同於即興對話的方式在表演時投入情感。這樣的對話不需要很自然，通常較簡單的方式是運用慣例，創造一段有著對立關係的對話。

 範例

阿秀和海妖 第一課	孩子們創作而後表演的詩，強調出在生氣、煩躁的妖怪和阿秀平靜、積極的力量之間的懸殊差異。
海女 第一課	聲音風景表現了漁夫腦海中浮現的內在對話。在這裡，被引發的是憐憫的情感，而情感的誘發則有賴於表演的質感。
馬克白 第二課	良心巷道出了馬克白在謀殺鄧肯前的內在對話。在這裡，預期的效果是打了個冷顫，對於他盤算的行動感到恐怖。

對話的動作性

　　好的戲劇語言，不管是即興的或是以文字寫就的，都不同於日常生活中的一般交談。它不會突然岔題，卻是環繞著明顯的緊張關係而且像動作一般運作著，因此它的作用在釐清角色如何看待自己、他們特殊的處境，以及他們該如何因應。這點相當重要，因為它指明了戲劇對話的道德風險主要不在做了決定之後，而是在於行動之中。它也與我們面對最尖銳道德兩難所造成的緊張狀態相應。生活和戲劇中的道德兩難，本質上並非關於我們是否應該選擇「好的」而非「壞的」行動，關鍵在於當我們良心拉鋸時決定做出何種行為。

 範例

好心的克拉拉 第二課	與醫生討論並未對奴隸帶來任何結果。奴隸們接下來要採取的行動引人關注，但對話的重點已經把孩子導向道德性的探討，而非爭辯出個輸贏。
海女 第三課	當國王使臣問孩子們要怎麼對國王交代，故事實際上也結束了。討論的重點不在構思接下來會發生什麼事，而是在於它明確有力地表達出島嶼孩子們的道德較當權者更為高尚。

不同的觀點

　　在戲劇中，我們通常會鼓勵不同的價值和意念得以表達出來，自己也經常以「教師入戲」的方式參與其中。我們扮演的角色很可能是《補鍋匠吉姆》中的牧師，或《好心的克拉拉》中的醫生，我們引導孩子做出對立於我們虛構角色的道德回應。另一方面，我們可以試著提升孩子對不同處境者的道德價值觀、感覺或困難之處的

敏感度。這通常是許多戲劇課的整體目標。雖然學校會要他們的孩子有一套清楚的道德價值，學校也會要求孩子發展想像力，以理解自己的觀點並非是唯一要緊的。身為小學教師，我們要避免孩子們帶著狹隘或有偏見的態度來到學校。

鼓勵孩子留心、敏於他人的立場和感受，不必總是透過對話、談論的方式才能做到。在戲劇課中，這樣的覺察能經由一系列的活動來達成，藉著一個接一個的活動讓孩子對同一個議題產生不同的啟發或提出不同的觀點。而且這種覺察不僅在發展孩子的道德理解力上相當必要，對於孩子們的語文發展也有實質的幫助。

 範例

海女 第一課	在探索海女處境數次之後，孩子們創造一個能突然讓人同情漁夫的畫面。孩子們毋須因此減少對海女的同情，但他們也需要觀照她的壓迫者，認知他人的行為即使不容原諒，也是可理解的。

設計要點

- **教師入戲**可以是激勵孩子主動即興進行道德討論的最有效策略。

- 像是**良心巷**的策略能幫助您與孩子們建立象徵性的對話，從而獲得故事中某個特定行動的不同道德觀點或其他可能。

- 毋須為了達成結論而就棘手的道德問題進行討論，它們通常最好結束在懸而未決的狀態。兩難的目的並非為了解決道德問題，而是要探索道德問題。

- 經由一系列的活動來為同一狀況提供不同的觀點，您可以鼓勵孩子們留心他人以及他們身處的特殊情境。

戲劇作為公眾與公共的論壇

道德價值觀之文化與公共的本質

　　常有人說我們今天活在「道德相對主義」的氛圍中。當宗教組織的影響力日漸式微，當我們的社會變得更加多元，愈來愈多的人自行選擇他們託付的道德價值觀。有人聲稱，在這樣的氛圍下，學校愈來愈難施行道德教育，因為沒有共同的道德權威可供學校參照。

　　這樣的看法可能普遍，但卻是錯誤的。就根本而言，我們的道德價值觀絕對不是個人選擇的結果。這些價值觀可能是我們個人身分認同的一部分，但它們卻是我們從某個特定文化（可以是宗教的或世俗的、地方的或國家的）習得，而且使我們和這個文化發生關聯的。而我們主要是經由故事習得這些價值，因為各文化流傳關於自身文化的故事傾向於加強某一套價值和信仰。基督教有它自己的故事系統，印度教亦然；還有許許多多國家和地方的共同體、政治團體和族群，都有著自己的故事。不管我們文化和社會的根為何——它們可能有數個，這些團體的價值讓我們在某些社群中找到歸屬。

　　學校首要的屬性即是社群，它們聯結了多種社會和道德的價值。這些價值可能明確或者未加定義，前後一致或相互矛盾；但不管如何，來上學的孩子們都會學習到。因此，學校必須致力於讓校園中推廣的社會道德價值明確且前後一致，它們可以讓來自不同文化背景的人們輕易地描述出來。比方說，如果學校中沒有人對自己的行為擔起責任或對他人表示尊重，學校便無法發揮它的教育功能。這樣的價值對於學校凝聚力而言是相當基本的。所有的學校將鼓勵勇氣、誠實、責任、友誼、忠誠的美德，棄絕霸凌和偷竊的行為。各

校間的差異在於它們如何在特定情形下識別或界定這些特質,以及它們如何認定某些價值對其他價值的影響。舉例來說,一個年輕的印度教女孩可能和班上坐在她身旁的同學——一個自由主義白人家庭的男孩,對孝順有著不同的看法。雖然學校會教導孩子們在校的行為舉止,學校也會運用故事來說明這些行為在不同的環境中可能看來如何。戲劇可以幫助孩子探察並檢視道德價值觀對行為起什麼作用,明白特定行為可能產生的效應,認知到儘管他們並非總是和他人對事情有一樣的看法,但仍然可能協商出彼此同意的行事方式。

 範例

青蛙王子	公主自私嗎?她的自私對別人造成什麼影響?孩子們認為怎樣算自私的行為?
補鍋匠吉姆	經常讓孩子們思考戲劇的內容。我們喜歡和不喜歡席格小姐的哪些地方?為什麼?我們對吉姆偷竊的行為有什麼看法?這些問題引導孩子思考他們欣賞或討厭的性格特質,以及他們覺得在吉姆的懲罰案例中,怎樣才符合公平正義。
阿秀和海妖第三課	要求孩子對拾荒者清楚解釋為什麼他的行為是錯的。
好心的克拉拉	議定的規則接受檢驗,團體忠誠的質也接受探究。
馬克白	馬克白道德感的衰退,經常接受追蹤、討論,並且以肢體呈現他行為所顯露的善與惡。

社會角色和美德

身為社群動物,我們每一個人都必須滿足許多不同的角色。我同時是兒子、兄弟、家長、先生、教師和朋友——但願我能試著扮演好這每一種角色。可是每一種角色對好的定義可能不盡相同,例如,好老師的特質在許多關鍵面向便與好家長不同。而我們期待朋

友展現忠誠的方式和情境，也與我們對家長的期待大不相同。這種以社會倫理來理解道德行為的方式，讓個人扮演多重角色一事成為可見且開放討論的議題，儘管其本身是複雜的。對於戲劇有可能引介孩子進入公共道德領域，以及工作、政治與社會一般的倫理行為而言，關係尤其重大。

　　孩子很容易體認到某些倫理行為依附在特定的社會角色上，比方說，他們可以很容易地談論好學生或好老師應有的行為表現。多數孩子也同意好醫生應該把關心病人置為首要，好軍人應該表現出勇敢和忠誠，好牧師應該仁慈，好家長應該照顧子女，好的統治者應該公平正直。正是這種固有的理解，讓孩子們在戲劇的特定情境和狀況下，能很快判定某個角色的行為究竟是對還是錯。

 範例

補鍋匠吉姆 第一課	一個孩子入戲扮演吉姆，明確地告訴牧師應該如何對需要幫助的人展現仁慈。
好心的克拉拉 第二課	教師入戲扮演醫生能使對話更為激烈，因為多數孩子沒預料到醫生竟然會把金錢置於病人的整體健康之前。
阿秀和海妖 第三課	孩子們接受皇帝的規範，因為他顯然運用權力來造福他的子民和他們的生活環境。
馬克白 第一課	孩子們創作靜象畫面，呈現鄧肯口中所有馬克白的良善特質。

戲劇和公共場域

　　戲劇所創造出探索、檢視社會道德價值的公共論壇，正像社會生活中像是教堂、國會和法庭等公共空間。對孩子們而言，學校正是這樣一個公共空間，尤其像是週會這種較正式的場合。儘管各具特色，這些空間全都是劇場，那兒展示、檢驗、討論和辯論著那些

能凝聚團體和社會的價值觀。這種公共空間的正式性可以經由戲劇的摹擬，創造出相似的正式空間，讓社會道德價值得以在受控制的情形下獲得發聲。在面對較年長的孩子時，透過瓦解通常在這些空間中支配群體行為的規範，可以激發道德以及戲劇上的緊張感。當孩子們在公共、戲劇的論壇中表達價值觀時，我們正鼓勵他們找到一種聲音，去評論、發表甚或挑戰共同的道德價值，幫助他們準備好在學校之外的公共場域也能自主發聲。循此，戲劇將有助於培養主動的公民，樂於參與多元、民主的社會。

 範例

青蛙王子 第三課	公主坐在她的寶座上，孩子們必須試著運用合適的語言說服公主，她對青蛙王子的態度有欠仁慈。
補鍋匠吉姆 第三課	運用地方法庭的正式場景，孩子們討論吉姆的罪行，辯論他該受何種審判。
阿秀和海妖 第三課	當孩子們回來面對拾荒者時，他們帶著一個象徵皇帝權威的卷軸。
海女 第二、三課	國王使臣總是在島嶼學校的公共空間對孩子們說話。在最後一個活動，鼓勵孩子們破壞這個規矩，挑戰國王的道德權威。
馬克白 第三課	孩子們創作班科鬼魂現身的場景，突顯馬克白內心的罪惡感如何在王宮正式儀典的公共空間造成混亂。

設計要點

- 提供孩子們時間和空間討論他們在戲劇中展現過或見過的道德特質，鼓勵他們說明在哪些行動中可以識別出這些特質。
- 您可以鼓勵孩子思考某個人物的社會角色和他的行為有何關聯，幫助孩子表達倫理判斷力。

- 採用像是法庭這種公共、社會空間的正式結構，可以提供孩子機會探索道德議題，同時藉著介紹這些空間所要求的語言和社會行為規範，培養他們成為未來的公民。

全校性的架構

　　本書並非主張透過戲劇來進行語文和道德教育總是最好的，也不是說戲劇一定能直接支持這些課程領域。舉例來說，戲劇方法顯然並非最適合教讀寫技巧或道德規範者。但是在戲劇能聯結並支持語文和道德教育之處，學校應當說明這三個領域（戲劇、語文和道德教育）在哪裡以及如何互相關聯。如此產生的全校性架構方能有助於詳細規劃課程的進程和延續性，並且利於評量。

語文的架構

　　對英格蘭的教師來說，上述考量在語文領域可能是最不構成問題的。國定語文政策詳細指明教師在各年級應該涵蓋的語文領域。每一所學校自有一套督導和評量語文教學的系統，我無意在此另提方案。然而，就本書的目的而言，有三件事相當重要：

- 教師知道戲劇在何處以及如何符合語文策略；
- 他們知道戲劇如何能支援其他的英文教學；
- 應該明確說明以戲劇為中心的課程計畫是如何符合以及／或

支持國定語文政策,並且予以評價。

國家戲劇協會(National Drama Association)已經就國定語文政策中和戲劇直接相關的目標,製作了一個非常實用的摘要,可參見圖 3.1。它包括了與故事活動相關的許多目標,以及直接與劇本寫作和劇本有關者。雖然我已經在本書中盡量撇開劇本不談,但本書包含的課程計畫顯示出有許多額外的語文目標可以和戲劇產生關聯。當您自行設計戲劇方案時,大可根據圖 3.1 開始入手,然後在規定的學期進度中進一步尋找相關的課程目標。

國定語文政策中關於戲劇的部分			
學期	範圍	參考指標	
幼稚園大班	故事與詩歌:傳統和現代的押韻詩、歌曲、動作詩[1]、詩歌和故事。	課文:故事和詩歌	7. 運用常見的文本,將主要的內容以正確的順序重新演出或告訴他人; 10. 重讀與重述可預測下文及重複性高的故事和押韻詩,並以類似的押韻進行實驗;
		寫作	12. 引導性的寫作和獨立寫作 • 實驗在各種遊戲、探索性和角色扮演的情境下來寫作; 15. 嘗試各種以寫作來溝通的方法,將它融入於遊戲和日常課堂生活之中,如:記敘他們自身的經驗、表單、標誌、用法說明、菜單、標籤、問候卡、信件;

圖 3.1　與戲劇相關的目標據國家戲劇協會 1999 年春出版品《回響》（*Reflections*）改編

1　譯註:原文 action verse,指可搭配上動作的詩謠,類似手指謠的概念。

學期	範圍	參考指標	
一年級 第一學季	故事和詩歌： 有著常見場景的故事、可預測下文及重複性高的故事和韻文。	測驗： 閱讀理解	6. 背誦可預測下文及重複性高的故事和押韻詩，藉由口頭上替換字句、延伸句式、創造新的句型和玩弄韻腳即席發揮； 7. 以各種方式將故事演出，如：透過角色扮演、使用洋娃娃或偶；
	非小說： 標誌、標籤、字幕、表單、說明書。	非小說 寫作	16. 針對教室日常的需求，寫、畫出簡單的使用方法和標記，如：在角色扮演區域，為器材標誌使用方法和標記；
一年級 第二學季	故事和詩歌： 傳統的故事和韻詩；童話故事；有著常見、可預測下文和規律語言的各地故事和詩歌，包括遊戲口訣、活動詩、劇本。	課文： 故事和詩歌 閱讀理解	8. 辨識和發現角色，如：行為、外貌、特質；思考他們可能有哪些行為；討論他們在文本中如何被描述；比較不同故事或劇本中的角色； 9. 開始注意到角色和對話，如：當與他人大聲朗讀故事或劇本時，適時地加入角色扮演； 11. 學習以及背誦簡單的詩和押韻詩，搭配動作，並且從課本上重讀它們；
一年級 第三學季	故事和詩歌： 關於幻想世界的故事，有著規律和可預期結構的詩歌；有著類似主題的各種詩歌。	課文： 故事和詩歌 閱讀理解	6. 準備故事並口頭講述，識別和運用一些更合乎格式的故事語言； 11. 為班級文庫蒐集全班以及個人最喜愛的詩，並參與大聲朗誦；

圖 3.1　與戲劇相關的目標據國家戲劇協會 1999 年春出版品《回響》（*Reflections*）改編（續）

學期	範圍	參考指標	
二年級 第一學季	故事和詩歌： 故事以及各種有著常見場景的詩。	課文： 故事和詩歌閱讀理解	7. 學習、複習和背誦最喜愛的詩；
二年級 第二學季		課文： 故事和詩歌閱讀理解	7. 運用文本中的對話和敘述，準備個人說故事，以及在團體中透過角色扮演來呈現故事； 8. 大聲朗誦自己的詩作； 9. 辨識並且討論不同詩中韻律的模式、韻腳和其他聲音特徵； 10. 評論和識別如何朗誦詩才能達意並且讓人印象深刻。
二年級 第三學季	故事和詩歌： 有著語言遊戲的文本，如：謎語、繞口令、打油詩和故事。	課文： 故事和詩歌閱讀理解	6. 閱讀、發揮想像力回應、推薦和蒐集一些幽默的故事、文摘和詩；
三年級 第一學季	故事和詩歌： 劇本。	課文： 故事和詩歌閱讀理解	4. 閱讀、準備和呈現劇本； 5. 識別散文和劇本的主要差異，如：散文和劇本中的對話、舞台指示、版面編排；
		寫作	14. 根據自己閱讀和口述的作品編寫簡單的劇本；
三年級 第二學季	故事和詩歌： 各地的口語詩和表演詩。	課文： 故事和詩歌閱讀理解	4. 為表演選擇和準備詩歌，識別適當的聲調、語氣、音量、聲音和其他聲音的運用； 5. 排演和改進表演，在腳本上註記標點符號和句意；

**圖3.1　與戲劇相關的目標據國家戲劇協會1999年春出版品《回響》
（*Reflections*）改編（續）**

學期	範圍	參考指標	
		寫作	11. 根據「表演」的原型和已讀過的口語詩，為表演寫作新的或延伸的詩句，如運用節奏、重複；
三年級第三學季	故事和詩歌：玩語言遊戲的詩歌。	課文：故事和詩歌閱讀理解	7. 選擇、準備和背誦富語言趣味或具娛樂性的詩歌，識別韻腳、頭韻和其他產生效果的聲音模式；
		寫作策略	15. 寫作運用聲音來創造效果的詩，如運用擬聲法、押頭韻、有特色的韻律；
四年級第一學季	故事和詩歌：劇本。	課文：故事和詩歌閱讀理解	5. 準備、閱讀和表演劇本，比較劇本和故事的體制——場景是如何被指示、情節線如何被鋪陳的； 6. 為戲的場景製作一張表格，如：一場戲是如何開始和結束的、對話是如何表達的；
		寫作	13. 寫作劇本，如：運用現成的故事作為基礎；
四年級第二學季	故事和詩歌：（科幻小說、幻想的冒險故事。）	課文：故事和詩歌閱讀理解	7. 辨識詩歌中不同的節奏和押韻，如：疊句、二行韻體，替換行韻並大聲地朗誦出來；
四年級第三學季	非小說	(一)勸服文：廣告、通知、傳單； (二)討論的論題：辯論、社論； (三)與其他課程領域相關的相關書籍。 在這個學季中，許多閱讀和寫作領域的教學可以經由戲劇來實踐／提升，特別是關於非小說的元素。	

圖 3.1　與戲劇相關的目標據國家戲劇協會 1999 年春出版品《回響》（*Reflections*）改編（續）

學期	範圍		參考指標
五年級 第一學季	故事和詩歌： 劇本。	課文： 故事和詩歌 閱讀理解	5. 理解戲劇的慣例包含： • 寫作的慣例（如：舞台指示、旁白）； • 角色如何能透過語言和姿勢來溝通； • 緊張的局勢如何透過速度、靜默和演說而獲得增強；
		寫作	18. 寫作自己的劇本，運用從閱讀（包括製作日誌）習得的慣例； 19. 為表演節選一段劇本予以加註，注意到速度、動作、姿態、台詞表達和觀眾的需求； 20. 根據戲劇趣味性和戲劇效果來品評劇本和表演；
五年級 第二學季	故事和詩歌： 較長的經典詩歌，包括敘事詩。	課文： 故事和詩歌 閱讀理解	5. 以各種方式來表演詩；
五年級 第三學季	故事和詩歌： 讚美詩和表演詩。	課文： 故事和詩歌 閱讀理解	4. 閱讀、排練和潤飾要表演的詩；
		寫作	11. 以表演詩為模型，經由修改、改寫和呈現，創作出優美的詩作；
六年級 第一學季	故事和詩歌： 經典小說、詩歌和名家創作的戲劇，包括研讀莎翁劇作、經典名作改編的電影／電視影集。	課文： 故事和詩歌 閱讀理解	1. 閱讀完一部刊印的小說或劇本，並且和它的電影／電視版本進行比較和評價；
		寫作	9. 準備一小段故事作為腳本，如：運用舞台指示、地點／場景；

圖 3.1　與戲劇相關的目標據國家戲劇協會 1999 年春出版品《回響》（*Reflections*）改編（續）

戲劇的架構

在《開始玩戲劇：4-11 歲》（*Beginning Drama 4-11*）中，Miles Tandy 和我為小學戲劇提出了一套架構，它主要是根據英國教育部的出版品《戲劇：5-16 歲》（*Drama 5-16*），但同時納入了藝術議會在《學校戲劇》（*Drama in Schools*）所提出的製作、表演和回應三個範疇。我們已經微幅修改這個架構，請參見圖 3.2。

在關鍵學習階段一（小學二年級）結束時，孩子們應該能夠：
- 具創造性和專注力地獨自或在團體中遊戲；
- 明瞭戲劇性遊戲和教室社會性規範之間有所不同，並且樂在其中；
- 經由角色扮演而能對角色及其行動感同身受，包括在故事戲劇化的活動中，或身為現場表演的觀眾；
- 有自信和能力讓特定的觀點被他人理解；
- 了解個人的觀點並非總能一致；
- 學習如何與他人合作來解決人際和實際的問題；
- 經由戲劇提出的簡單困境來探討孰是孰非；
- 運用一些簡單的表演慣例，如：摹擬、動作、靜止；
- 主動參與全班性的小型表演方案。

在關鍵學習階段二（小學六年級）結束時，孩子們應該能夠：
製作
- 創造並發展處於特定情境的新角色；
- 協助創作出從實際、社會或道德面向來探索特定議題的全班性戲劇；
- 規劃戲劇性空間，並將身體和物品有意義地置入其中；
- 為了戲劇的效果將素材予以排序，如：清楚地呈現一段敘述；
- 象徵地運用物品、素材、燈光和聲音；
- 創作簡單的戲劇場景。

圖 3.2　小學戲劇的架構

表演
- 控制動作、聲音和姿態以傳達意義；
- 在角色或表演中維持某種特定的氛圍（如幽默）或情緒（如恐懼或憤怒）。

回應
- 討論各種來源和文化的戲劇與表演，包含校園戲劇、現場表演（包含教習劇場計畫）、電視劇和電影。
- 經由批判性地觀察戲劇中所創作的角色、涉及的議題、發展的進程和展現的技巧，鑑別好的戲劇作品。

圖 3.2　小學戲劇的架構（續）

　　這裡關於關鍵學習階段結束時的陳述並非學習的目標，但它們卻提供了一套可達成的架構，供您聯結到自己戲劇課的特定學習目標。圖 3.3 舉例說明以《補鍋匠吉姆》為主題的二年級戲劇課程學習目標，和關鍵學習階段一說明之間的關聯。

關鍵學習階段一的陳述	「補鍋匠吉姆」的學習目標
• 經由角色扮演而能對角色及其行動感同身受，包括在故事戲劇化的活動中，或身為現場表演的觀眾；	• 思考服裝和物品如何使人聯想到角色； • 扮演角色並維持住該角色； • 在角色中對補鍋匠吉姆、牧師和席格小姐等人物和他們的行為感同身受；
• 有自信和能力讓特定的觀點被理解； • 了解個人的觀點並非總能一致； • 運用一些簡單的表演慣例，如：摹擬、動作、靜止。	• 在不違背原始故事人物塑造的前提下即興創作戲劇，讓不同觀點得以表達； • 發展並展演一些簡單的摹擬技巧。

圖 3.3　關鍵學習階段一的陳述和特定學習目標的對照

透過記錄和監督這些目標對特定戲劇方案的影響，比較容易計畫出能開拓孩子們戲劇經驗的課程。

道德教育的架構

　　這個領域可能是三者之中問題最大的。在寫作本書之際，英格蘭正在重新審議這個部分，預期將會有關於個人教育、社會教育和健康教育的全國性指標。你可能會希望等這份指標出版時，按照它來檢閱本書中各戲劇的特定主題。然而，公民基金會 1991 年出版品《你，我，我們！小學的社會和道德責任》（ *You, Me, Us ! Social and Moral Responsibility for Primary Schools* ）已提供非常實用、考慮周到的集子，富於實際的概念和各種課程計畫。我認為它是目前最直接、可及的全國性指南，並且已將這個架構應用在第一章的課程計畫中。《你，我，我們！小學的社會和道德責任》將社會道德課程劃分為五個領域，涵蓋了友誼、規定、財產和權力、尊重差異、社群和環境。在這些特定的主題中，某些關鍵的道德思想清楚地被示意為作業的核心概念。我採用它們並予以微幅修改，提出圖 3.4 的架構。圖的右邊欄位標明了本書提供之各年級課程如何涵蓋這些主題思想作為學習目標。

社會和道德主題 主要的概念	一年級	二年級	三年級	四年級	五年級	六年級
友誼						
選擇朋友	✕					✕
我們崇尚的特質						✕
孤獨，沒有朋友	✕			✕		
同儕壓力						
信任和忠誠				✕	✕	✕
霸凌					✕	
規定						
法律和規定			✕	✕		✕
違法和做錯事		✕	✕			✕
指責、內疚和歉疚					✕	✕
意圖和責任					✕	✕
權利和責任			✕	✕		
正義和公平		✕		✕		
行為的動機	✕	✕	✕	✕	✕	✕
財產和權力						
平等和不平等		✕		✕	✕	
財產的價值	✕			✕		
財產的所有權					✕	
分享和不分享		✕	✕			
權力和權威的不同					✕	✕
報復和正義的不同						✕
偷竊		✕				
懲罰		✕	✕			✕
犯罪的後果		✕	✕			✕
犯罪的受害者						✕
領導者的特質			✕			✕

圖 3.4 社會和道德課程的架構（改編自公民基金會出版品
《你，我，我們！》）

社會和道德主題 主要的概念	一年級	二年級	三年級	四年級	五年級	六年級
尊重差異						
尊重自己						
人我間的異同					×	
尊重種族和文化上的差異				×	×	
尊重並且關懷他人	×	×	×	×	×	
同情不同處境的人	×	×		×	×	
性別角色				×	×	
歧視與偏見		×		×	×	
社群和環境						
團隊合作			×	×		
對環境的責任			×			
歸屬感和沒有歸屬感					×	
團體的責任			×	×		
個人的責任			×			×

圖 3.4　社會和道德課程的架構（改編自公民基金會出版品《你，我，我們！》）（續）

　　如果您審慎檢視這份圖表，便會發現它的哲學要旨並非完全與我自己的相合，如第二章所述。特別是它集中在社會性的主題遠甚於德行方面的語彙。然而，提出一套充分發展且一致的社會道德課程並非本書能力所及，我的意圖在指出戲劇如何能夠適應社會道德課程觸類旁通的目標。在戲劇課程與《你，我，我們！》的架構間並非完全相合，但如圖 3.4 所示，大部分已經很接近了。而且，儘管某些概念並不適於以戲劇來處理，但多數確能透過戲劇來探索。

　　當然，某些學校已具備了完備的架構，有著不同於上述的重點。舉例來說，如果學校特別重視某個特定的宗教面向，該信仰的道德

觀就會被校方視為孩子們發展道德不可或缺者。甚至，在政府主導的活動中，這個架構也可能會有所更動。因此，圖 3.4 並不是一份藍圖，它在說明要記述戲劇對社會道德教育特定課程的貢獻並非難事。

當然，如前一章探討的，在這些特定的主題和觀念之外，還有一些戲劇能長期協助發展的技巧和態度。它們是參與戲劇活動時所必需的，像是孩子協商和妥協的能力，以及在群體行為規範下工作的能力。它們與其被重述成特定戲劇方案或戲劇課的一般性目標，不如含括在戲劇對孩子社會道德發展貢獻的整體原理闡述中。這樣的一份原理闡述，內容至多一張 A4 大小，可以在「戲劇對兒童在校的社會道德教育有何貢獻」標題下，以一系列的項目符號說明。它可以附加於學校的戲劇政策和社會道德政策，讓學校官員、家長和老師能夠明白透過戲劇施行社會道德教育的原理原則。

記述目標與評量標準

為戲劇和社會道德教育設定評量標準是可能的，即便它們在形式上不同於那些可以經由孩子們作答正確與否來評定的學科領域。這兒您必須謹慎觀察孩子們做了什麼事、說了什麼話，再據此做出評價。您當然可能在每一堂課評估每一個孩子，但是每一堂課關注不同的孩子，一段時間之後，您就可以發現到他們個別的進步。為了評量所需，也可以同時使用書面和視覺的紀錄（包括錄影和相片）。

重要的是，您必須具體陳述教學計畫的目標，以及您將如何評量學生的學習狀況。它們可以如圖 3.5 所示，列在一張 A4 的紙上。當然，隨著教案進行，您可能發現對不同班級的學生來說，某些目標較其他更為重要，但這份文件對於課堂中的經驗保持開放。以這

種方式，您不只可以監控並規劃所有年級的學習，也能夠分享、公開您的戲劇教育目標，清楚展現它對於孩子在語文和社會道德教育領域的附加價值。我以為它的重要性不僅在於就課程做出解釋，也為了獲得家長和官員的信任、理解和支持。

單元標題：海女	
教授級別：五年級第二學季	
國定語文政策的目標 T1；T2；T3；T5；T8；T11；T13；T14	
我們也期待孩子：	孩子將會經由下述活動展現他們已經學到了／正在學習：
在戲劇中 • 運用靜像畫面來傳達特定的、情感的指令； • 運用材料來創造象徵的意義； • 運用聲音和動作創作一個簡單、全班性的表演； • 在全班性和小組工作中，維持住角色並對維繫戲劇劇張力做出貢獻； • 構思情節並對情節發展做出貢獻； • 運用語言來說服他人； • 以姿態和手勢動作為重點，設計和呈現一段戲劇。	• 展現海女在故事中最難過的時刻； • 在小組中運用網子創造一系列動態意象； • 參與演出； • 在與國王使臣商談的場景和小組中的角色扮演； • 回應「接下來會發生什麼事？」的問題； • 評估他們是否及如何能使漁夫相信他的孩子正面臨危險； • 在短劇中展現海童如何脫逃。

圖 3.5　記述目標

單元標題：海女
教授級別：五年級第二學季

在社會道德教育中	
• 發展他們的同理心；	• 創造靜像畫面，展現對海女痛苦的理解；
• 探索歸屬感和沒有歸屬感的概念；	• 對海女困境的討論和畫面呈現；分享個人經驗；
• 思考意圖和責任間的關係；	• 探討漁夫對故事事件責任的畫面；
• 象徵地檢視種族和文化差異、偏見以及歧視的議題；	• 在角色中和角色外評論國王要除掉海童的命令；故事寫作；
• 關懷他人；	• 嘗試圖解救海童時，在角色中行動和評論；
• 發展對於權力可能如何被濫用的理解；	• 在角色中與國王使臣的協商；在角色外評論；寫作故事；
• 思考友誼、忠誠和人權的議題。	• 以島上的孩子自居，評估為什麼要幫助海童。

圖 3.5　記述目標（續）

課程計畫中運用的遊戲

刺客

　　這是小學高年級學生非常喜愛的一個遊戲，但它要求孩子高度的自制力，同時必須遵守安全上的規定。這個遊戲非常適合用來探索緊張和恐懼。孩子們在大教室的空間中散開來，並且閉上他們的雙眼。您輕輕地觸碰一位孩子的肩膀。他現在是「刺客」了。其他孩子聽從您的指示，開始慢慢地在空間中行走，眼睛一直保持閉著。目標是盡可能地和愈多人相遇愈好，但可要祈禱不要遇上刺客。為了和他人相遇，你必須伸出雙手，握住他們的手臂，然後問：「刺客？」你會得到「刺客！」的回答。聽到這樣的答案，你可以繼續行走，試著遇見其他人。同時間，刺客也在空間中閉上雙眼走動著，和人們相遇，但在整個遊戲過程中都不發一語。因此，如果當問道：「刺客？」而你沒聽見任何回應時，你就再問一次：「刺客？」以求確認。如果你仍然沒有聽到任何答覆，你就必須非常大聲地死掉，退到教室的一側。當刺客謀殺了班上的每一個人時，遊戲結束！

農夫與狐狸

孩子們站著圍成一圈。選出其中一人擔任狐狸，遠離圓圈並且背對站著。再選出另一個孩子擔任農夫，並且將狐狸的獵物（如：絨毛玩具）放在圓圈中央。現在，狐狸必須穿過圓圈的一個缺口進到裡面，他並不知道哪個孩子是農夫。而狐狸一觸碰到獵物時，農夫便可以展開追逐。如果農夫觸碰到了狐狸，他自己便馬上變成狐狸，讓追逐繼續進行。誰只要能夠順利穿過圓圈缺口回到狐狸窩就算獲勝。

祖母的腳印

孩子們站在教室的一端，老師或一位孩子站在另一端面向牆壁。孩子們盡可能輕巧地往那兒移動，但每次移動時，教師或孩童都會突然轉身察看。如果他們看到有誰動了，這個人就必須退回牆邊重新開始。

我上菜市場

孩子們圍坐成一圈。遊戲一開始，一個孩子先說「我上菜市場，我買了些蛋」（或魚、馬鈴薯等）。坐在這孩子身邊的人必須重複這個句子，但把買的物品置換成別的。當每個孩子都輪過一次，就結束這個遊戲。

鑰匙保管者

　　孩子們圍坐成一圈，一名自願者把眼睛蒙上，坐在圓圈中央的椅子上，手持一個紙軸。椅子下面放著一把大鑰匙或者其他的物品（像是一本魔法書）。圓圈中的其中一位孩子自願試著取回這個物品。如果中央的保管者成功地以紙軸擊中了他，他們必須回到圈中，換其他孩子試試。默不作聲為這個非常受歡迎的遊戲增添了緊張的氣氛。

騎士、狗和樹

　　選出一位孩子面向牆壁，擔任發號施令者。班上其他孩子現在繞著空間跑，直到發號施令者喊「停！」的時候，孩子們必須靜止在騎士、狗或樹的樣態。現在請發號施令的孩子選擇其中一種型態並且喊出來。如果他們喊道：「騎士」，騎士們必須保持靜止不動，而其他的孩子恢復在空間中奔跑。當下一次喊道「停！」時，騎士們可以維持靜止在騎士的樣子，也可以選擇改變他們的樣態。一旦所有的孩子都再一次靜止在他們所選的樣態時，發號施令者再次叫喊，讓遊戲繼續下去。

我們喜歡甲的什麼？

　　孩子們圍坐一圈。一個孩子（甲）自願離開教室，老師請全班列一份我們喜歡他／她的事項。我們可以將它限定在甲最好的五件

事。當甲回到教室時，可以試著猜猜看是誰說了哪些關於他／她的
事，或者也可以只是沉浸在讚美之中。

本書提及的戲劇慣例

戲劇慣例	說　明
演出來 （acting out）	指孩子們就某個情境即興發揮，通常是在小組中進行。其用意並不盡然是要他們在最後呈現作品。如果您要以此作為某個小型演出的序曲，請參見稍後介紹的「表演」和「短劇」。
集體角色 （collective role）	角色同時由一個以上的孩子來扮演。每一個孩子可能表現出這個角色性格上的不同面向。
良心巷 （conscience alley）	全班分立兩列，中間容許一個角色通過。當角色通過這個「巷子」時，班上其他同學說出她的想法。這個角色可能處於戲劇中某事件發生的前夕，或者她可能面臨一個困難的抉擇。
論壇劇場 （forum theatre）	班上某些成員被選出米演出某個特定的場景，其他同學則觀察。演員和觀察員雙方都可以在任何時候中斷演出，要求或建議這個場景可以如何發展。
坐針氈 （hot seating）	某個人（教師或孩子）扮演角色，接受團體其他成員的訊問。這個角色可以經由坐在某個特定的位子（所謂的「針氈」）、穿戴某件衣物或手持一個特定的物品來示意。

戲劇慣例	說　明
擁護陣線 （line of allegiance）	在戲劇中的某個時點，老師要學生根據他們對特定角色或事件的見解或感覺排成一列。「如果你在這個時刻非常同情甲，站在房間的這一邊；如果你一點也不同情他，站在另外一邊。如果你的感覺不是那麼極端，在行列中找一個適當的位置站好。」
繪製故事地圖 （mapping the story）	這兒的概念並不是要製作一張地圖，而是大家在一張大紙上畫出孩子們認為符合故事的場景、人物和事件。
入戲集會 （meeting in role）	全班入戲扮演參加集會以聽取新聞、進度報告或決議的團體。老師視其是否需要影響會議的方向來決定入戲或者不入戲。
摹擬 （mime）	這可以像是在一年級第一課簡單、即興的動作，或者像是在五年級第三課更細膩地運用動作和姿態。老師可以搭配旁白來輔助。
敘述 （narration）	老師可以運用敘述來介紹、聯結或總結戲劇動作。它可以用來放慢和增強動作，像是在五年級第二課中當孩子們要前往漁夫的木屋之際。敘述可以像在四年級第二課中表明時間的流逝，或者引出戲劇的下一個段落。
外部觀點 （outside eye）	當年長的孩子要為表演設計簡短的段落時可派上用場。「外部觀點」是孩子觀察戲劇動作，像外來者般做出評論。當小組無法達成共識或決定怎樣做最好時，他們可以提供建言。然而重要的原則是，他們未經請求絕對不擅自發言。外部觀點可以是同組中暫時在戲劇動作之外的某個成員，也可以來自老師認定作品已完成且令人滿意的組別，如在六年級第三課中所示。
平行場景／意象 （parallel scenes/images）	將兩個以上在現實中發生於不同地方或不同時間的場景並置呈現。可以「凍結」其中一個場景的動作並且進行另一個，藉以探討二者之間的關聯性和緊張關係。

戲劇慣例	說　明
表演 （performance）	在戲劇課中，您一定會發現值得讓孩子分組工作並將想法發展成短劇的時刻。對小學生而言，表演最好非常簡短，讓他們有非常明確的結構和焦點。建議的做法是讓各組依序演出，除了表演者，其他人不說話、不動作，直到所有組別都完成為止。表演紀律有助於孩子尊重自己和其他人的作品。
預告 （preview）	就像電影預告不洩露太多情節但激發我們的好奇和興趣，老師可以在開始戲劇之前，從即將到來的故事中挑選一個意象來呈現，要求孩子想想它的意義。
雕塑／塑像 （sculpt/model）	一個孩子自願當黏土，另一個孩子將這塊黏土雕塑成他們認為某個角色在戲劇中某個時點可能的模樣。可以鼓勵各種不同的詮釋。
快照 （snapshot）	像短劇一樣，可是更精簡！小組排練並表演一段簡短而集中的戲劇動作。承前而來的故事脈絡、角色、場景等必須已經非常明確。
動作片段 （snippets of action）	在各組演出他們的想法之後，老師們可以要求他們選出最重要的三個動作時點。孩子們接著可以運用話語和動作排演，並表演出這三個動作片段——每個長三到四秒鐘。其他小組拼湊剛才發生的事，思考為什麼這些特定的時點被選出來，和／或評論概念是如何被呈現的。
聲音拼貼 （sound collage）	全班運用聲音、肢體和／或樂器來為動作配樂或創造氣氛。
靜像畫面 （still image/ tableau）	小組運用肢體創造某個時點的意象。通常它代表著人們在某個行動當中靜止，但它也可以代表更抽象的概念，像是在六年級第一課中國王描述的馬克白的優點。
故事棒 （story wand）	故事棒——通常是手杖——是您在敘述故事時讓孩子自發演出故事的工具。孩子們圍坐一圈，自願扮演您介紹到的角色，依說故事者提示來做動作和說話。當您在空中揮舞棒子時，角色消失回到圈中，而當您重新說故事時，不同的孩子可以自願來扮演。

戲劇慣例	說　明
說故事 （storytelling）	望文生義！您可以運用說故事的技巧來引發孩子對故事的興味，如本書中一年級和五年級的例子。您也可以運用技巧來挪動戲劇情節（或許在角色中），如六年級第三課的例子。
教師入戲 （teacher in role）	老師在戲劇中擔任一個角色，通常運用這個角色在動作中駕馭戲劇。老師可以扮演各種不同地位的角色，與團體有著不同的權力關係。一個簡單的服裝或道具可以幫助年幼的孩子明白您何時入戲或者何時在角色之外。
想法循跡 （thought tracking）	某個角色內心的想法或反應由角色自己或劇中其他成員公然說出。這可以用在戲劇動作凍結時或與靜像畫面併用。

參考書目

更多有利於探討道德議題與發展戲劇的故事書

低年級

Catkin by Antonia Barber and P. J. Lynch (1994), London, Walker Books.

Charlie's House by Reviva Schermbrucker and Niki Daly (1989), Cape Town, David Philip Publishers.

Giant by Juliet and Charles Snape (1989), London, Walker Books.

Jack and the Beanstalk by John Howe (1989), London, Little Brown and Co.

Red Riding Hood by Christopher Coady (1991), London, ABC Publications.

Two Can Toucan by David McKee (1986), London, Beaver Books.

Where the Wild Things Are by Maurice Sendak (1975), London, Bodley Head.

Witch, Witch, come to my Party by Arden Druce (1998), Swindon, Child's Play.

中年級

Clever Polly and the Stupid Wolf by Catherine Storr (1995), London, Young Puffin.

Higglety Pigglety Pop! by Maurice Sendak (1991), London, Bodley Head.

Lon Po Po by Ed Young (1989), New York, Putnam and Grosset.

Outside, Over There by Maurice Sendak (1993), London, Harper Collins.

Seasons of Splendour by Madhur Jaffrey (1992), London, Puffin.

Snow White by Josephine Poole and Angela Barrett (1993), London, Red Fox.

Storm Boy by Paul Owen Lewis (1995), Hillsborough, Oregon, Beyond Words Publishing.

The Little Match Girl by Hans Christian Anderson (n.d.), Leicester, Galley Press.

高年級

Clockwork by Philip Pullman (1997), London, Corgi Yearling.

The Hob Stories by William Mayne (1991), London, Walker Books.

I am the Mummy Heb Nefert by Eve Bunting (1997), Ontario, Tundra Books.

The Enchanter's Daughter by Antonia Barber (1987), London, Jonathan Cape.

The Sweetest Fig by Chris Van Allsburg (1993), London, Andersen Press.

How to Live Forever by Colin Thompson (1995), New York, Alfred A. Knopf.

The Bone Keeper by Megan McDonald and G. Brian Karas (1999), New York, DK Publishing Inc.

Maudie and the Green Children by Adrian Mitchell (1996), Surrey, Trade Wind Books.

探討小學階段戲劇教學的出版品

Bolton, G. (1992) *New Perspectives on Classroom Drama.* Hemel Hempstead: Simon and Schuster.

Kitson, N. and Spiby, I. (1997) *Drama 7–11.* London: Routledge.

Morgan, N. and Saxton J. (1987) *Teaching Drama.* London: Hutchinson.

Neelands, J. (1991) *Learning Through Imagined Experience.* London: Hodder and Stoughton.

Readman, G. and Lamont, G. (1994) *Drama – A Handbook for Primary Teachers.* London: BBC Educational.

Tarlington, C. and Verriour, P. (1991) *Role Drama.* Ontario Canada: Pembroke.

Winston, J. and Tandy, M. (1998) *Beginning Drama: 4–11.* London: David Fulton Publishers.

Woolland, B. (1993) *The Teaching of Drama in the Primary School.* London: Longman.

國家圖書館出版品預行編目資料

5-11 歲的戲劇、語文與道德教育／Joe Winston 著；
陳韻文譯. --初版. -- 臺北市：心理，2008.09
面；　公分.--（戲劇教育系列；41507）
參考書目：面
譯自 Drama, literacy and moral education 5-11

ISBN 978-986-191-185-4（平裝）

1.小學課程　2.兒童戲劇　3. 語文教學　4.德育

523.41　　　　　　　　　　　　　　　　　　97015799

戲劇教育系列 41507

5-11 歲的戲劇、語文與道德教育

作　　者：Joe Winston
譯　　者：陳韻文
執行編輯：林怡倩
總 編 輯：林敬堯
發 行 人：洪有義
出 版 者：心理出版社股份有限公司
地　　址：231 新北市新店區光明街 288 號 7 樓
電　　話：(02) 29150566
傳　　真：(02) 29152928
郵撥帳號：19293172 心理出版社股份有限公司
網　　址：http://www.psy.com.tw
電子信箱：psychoco@ms15.hinet.net
駐美代表：Lisa Wu（lisawu99@optonline.net）
排 版 者：龍虎電腦排版股份有限公司
印 刷 者：東縉彩色印刷有限公司
初版一刷：2008 年 9 月
初版三刷：2017 年 1 月
I S B N：978-986-191-185-4
定　　價：新台幣 180 元